Silke Bachner
Sabine Kehse

Schule innen schöner machen!

Kunstprojekte für Kinder

mus-e Edition
Künstler für Kinder

Verlag an der Ruhr

Impressum

MUS-E® Edition – Künstler für Kinder

Schule innen schöner machen!

Kunstprojekte für Kinder

Autorinnen: Silke Bachner, Sabine Kehse
Herausgeber: Yehudi Menuhin Stiftung Deutschland
Rahmenlayout: Lambert & Lambert, Düsseldorf
Layout: Giuseppe Casciani, Wuppertal
Fotos: Silke Bachner, Sabine Kehse
S. 6 links mit freundlicher Genehmigung
von Lucia Bachner
S. 87 mit freundlicher Genehmigung
von Jens Brand
Druck: B.o.s.s Druck und Medien GmbH, Goch

YEHUDI MENUHIN STIFTUNG DEUTSCHLAND

Verlag an der Ruhr
Alexanderstraße 54, 45472 Mülheim an der Ruhr
Postfach 10 22 51, 45422 Mülheim an der Ruhr
Tel.: 0208/439 54 50 – Fax: 0208/439 54 239
E-Mail: info@verlagruhr.de
www.verlagruhr.de

ISBN 978-3-8346-494-1

geeignet für die Altersstufe 6 7 8 9 10 11 12

Weiterer Band der Autorinnen:
MUS-E® Edition – Künstler für Kinder
Silke Bachner, Sabine Kehse:
Schule außen schöner machen!
ISBN 978-3-8346-0495-x, **Best.-Nr. 60495**

Noch mehr Bände der Reihe finden Sie hinten im Buch.

Wir sind seit 2008 ein ÖKOPROFIT®-Betrieb und setzen uns damit aktiv für den Umweltschutz ein. Das ÖKOPROFIT®-Projekt unterstützt Betriebe dabei, die Umwelt durch nachhaltiges Wirtschaften zu entlasten.

Gedruckt auf chlorfrei gebleichtes Papier.

Die Schreibweise der Texte folgt der neuesten Fassung der Rechtschreibregeln – gültig seit August 2006.

Inhalt

Silke Bachner

Silke Bachner, geb. 1969 in Dortmund, lebt mit ihren 3 Kindern dort. Sie hat in Dortmund Diplompädagogik mit dem Schwerpunkt Kunsttherapie studiert und ist seit 1999 als freischaffende Künstlerin und Kunstpädagogin tätig. Bereits seit 1995 ist sie Kunstdozentin im Museum am Ostwall (Dortmund) und seit 1999 als Künstlerin im MUS-E® Programm der Yehudi Menuhin Stiftung Deutschland tätig.

Mit ihren unterschiedlichen Kooperationspartnern (u.a. JKS balou, Jugendstil e.V., Hartware Medienkunstverein) präsentiert sie ihre Arbeiten regelmäßig der Öffentlichkeit.
Viele ihrer Projekte sind durch die Vernetzung von Menschen und Kunstbereichen geprägt. Sie verbindet bildende Kunst mit Theater, Tanz, Performance und Film und arbeitet mit Künstlern dieser Sparten in gemeinsamen Projekten. Kunst bedeutet für sie vor allem Austausch und Kommunikation und die Freiheit, zu experimentieren. Ein weiterer Schwerpunkt ihrer Arbeit sind großformatige Wandgestaltungen, Raumkonzepte sowie Kunstprojekte im öffentlichen Raum, die sie gemeinsam mit der Produktdesignerin Sabine Kehse unter dem Label „Schoenspur“ realisiert.

Sabine Kehse

Sabine Kehse, geb. 1968, 2 Kinder, hat von 1990–1997 an der FH Dortmund für Design Produkt-Design studiert und mit dem Diplom zur Produkt-Designerin abgeschlossen.
1997-98 folgte eine Fortbildung „Bühnen- und Filmkostüme" an der Akademie Mode Design, Düsseldorf. Seit 1996 arbeitet sie für verschiedene (Tanz-)Theater als Bühnen- und Kostümbildnerin (Theater im Depot, Dortmund; Werk-Stadt, Witten; Modern Dance Center, Dortmund; Stadttheater Dortmund).
Von 2001 bis 2002 absolvierte sie eine Weiterbildung zur Multimedia-Designerin am Incurricula-Institut (Essen). Seit 2002 ist sie auch als freiberufliche Grafikerin im Bereich Grafik-, Internet- und Produktdesign tätig.

Sie hat bereits verschiedene kunstpädagogische Projekte mit Kindern und Jugendlichen durchgeführt, u.a. zu den Themen „Kunst und Tanz“, „Kunst im öffentlichen Raum“, inszenierte Räume. Tätigkeiten für das Museum am Ostwall, Dortmund: Dozentin in der Kunstwerkstatt, Konzeption und Leitung des Jugendkunstclubs in Zusammenarbeit mit der Kunsthistorikerin Regina Selter. Sie hat bereits in der Reihe „Studien zur Kunstdidaktik“ publiziert.

mus-e
künstlerisches programm für schulen in europa

Was ist MUS-E®?

MUS-E® ist ein künstlerisches Programm für Schulen, das europaweit konzipiert ist.
1992 wurde es von Lord Yehudi Menuhin und Werner Schmitt in der Schweiz ins Leben gerufen. Derzeit gibt es MUS-E® in 14 Ländern Europas, in Brasilien und Israel.
Auf internationaler Ebene koordiniert und fördert die International Yehudi Menuhin Foundation Brüssel das Programm.
In Deutschland wird es seit 1999 von der Yehudi Menuhin Stiftung Deutschland durchgeführt.

Angeleitet von professionellen Künstlern musizieren, tanzen, inszenieren und gestalten Kinder regelmäßig einmal pro Woche in ihren Klassen. Dies geschieht unter Beteiligung der Lehrer im Rahmen des regulären Unterrichts.

Yehudi Menuhin Stiftung Deutschland
Benzenbergstraße 2
40219 Düsseldorf
(0211) 8 620 530
info@ymsd.de
www.ymsd.de

Ziel von MUS-E® ist es, die Persönlichkeit eines jeden Kindes zu entfalten, seine Kreativität und künstlerische Ausdrucksfähigkeit zu fördern. Darüber hinaus soll durch die Arbeit im Klassenverband die soziale Kompetenz der Kinder gestärkt werden. Dabei will MUS-E® insbesondere Kindern in sozial benachteiligten Stadtteilen einen Zugang zur Kunst eröffnen und Vielfalt als Bereicherung einer Gemeinschaft erfahrbar machen. MUS-E® bezieht Künstler und Lehrer ausdrücklich in diesen Prozess mit ein und leistet damit einen Beitrag zur Entwicklung von Schule.
Das Programm läuft in der Regel über drei Jahre, um eine hohe Nachhaltigkeit zu garantieren.

Das MUS-E® Programm existiert in Nordrhein-Westfalen, Bremen, Hamburg, Brandenburg, Sachsen-Anhalt, Sachsen, Hessen, Baden-Württemberg, Rheinland-Pfalz, dem Saarland und Bayern. Die Mittel zur Durchführung des MUS-E® Programms akquiriert die Yehudi Menuhin Stiftung Deutschland in Public Private Partnership. Hauptförderer sind Landesministerien bzw. Senate, Stiftungen, wie die PwC Stiftung Jugend Bildung Kultur, Bürgerstiftungen, wie die Bürgerstiftung München, als private Hauptförderer die RWE AG und die Beiersdorf AG sowie jeweils lokal Kommunen, Organisationen, Unternehmen und Privatpersonen.
Insgesamt arbeiten im Rahmen des Programms über 250 Künstler mit ca. 18.000 Kindern und Jugendlichen und ihren 700 Lehrern (Stand 01.2009).

MUS-E wird ermöglicht durch

Ministerium für
Bauen und Verkehr
des Landes Nordrhein-Westfalen

SOZIALE STADT NRW

EUROPÄISCHE UNION
Investition in unsere Zukunft
Europäischer Fonds
für regionale Entwicklung

VORWEG GEHEN

BDF ●●●●
Beiersdorf

Die MUS-E® Edition: MUS-E® Stunden für alle.

Einleitung und Hinweise zur Arbeit mit dem Buch

Die MUS-E® Edition – Künstler für Kinder

Die MUS-E® Edition ist aus der unmittelbaren Arbeit der Künstler* mit den Kindern entstanden. Was über 18.000 Kinder und ihre Lehrer allwöchentlich in ihren MUS-E® Stunden als Bestandteil des regulären Unterrichts erfahren, kann so leider nicht abgebildet werden: Hinter der Arbeit der Künstler steht in der Regel ein Konzept, das an den unmittelbaren Bedürfnissen der Kinder ansetzt und nachhaltig die individuellen Fähigkeiten zu entwickeln sucht. Uns war es jedoch wichtig, die in der vielfältigen MUS-E® Praxis entstandenen Ideen und Konzepte auch außerhalb des MUS-E® Programms verfügbar zu machen.
Die Edition wendet sich daher an Künstler und Lehrer, die mit Kindern und Jugendlichen im Sinne einer MUS-E® Methodologie künstlerisch in einer der vier Disziplinen arbeiten wollen: Tanz, Theater, Musik und bildende Kunst. Die in sich abgeschlossenen Projekte sind für den Unterricht ebenso geeignet wie für die Nachmittagsgestaltung an Ganztagsschulen und die außerschulische Kinder- und Jugendarbeit.

Warum machen Menschen Kunst?

Aus Spaß, aus Langeweile, mit ernsten Absichten, manchmal einfach nur, um zu provozieren ... Es mag Hunderte von Antworten geben und doch wohnt jedem künstlerischen Ausdruck, jedem Kunstwerk ein Grund inne, weswegen es erschaffen wurde. Kunst entsteht aus Fragen an die Welt, aus Selbstbeobachtung, aus Experimenten mit Material, Form, Klang, Impuls, aus Neugierde, aus einer Ich-Positionierung heraus.

** Auf Grund der besseren Lesbarkeit verwenden wir hier durchgehend die männliche Form, damit sind aber natürlich auch immer Künstlerinnen, Lehrerinnen, Schülerinnen etc. gemeint.*

Im MUS-E® Programm nutzen wir diese hoch motivierenden Aspekte in der Arbeit der Künstler explizit, um die Potentiale von Kindern und Lehrern durch die spezifischen Möglichkeiten von Kunst zu entfalten: Jeder künstlerische Ausdruck ist auch ein Stück Selbsterfahrung und Persönlichkeitsentwicklung. Kunst eröffnet Kommunikation jenseits der Sprache. Dieser Ansatz ist auch in der MUS-E® Edition von besonderer Bedeutung. Notwendigerweise spiegeln die einzelnen Übungen und Anleitungen die Sicht und das Vorgehen der Künstler wider. Sie können ihnen folgen und das Buch wie eine „Gebrauchsanleitung" lesen und nutzen. Dabei ist es unvermeidbar, dass Sie Ihre Sicht, Ihre Bedingungen, Ihre eigenen Möglichkeiten einfließen lassen und die Aufgaben den Bedürfnissen der Gruppe anpassen. Aus den Vorgaben des Buches, Ihren Einflüssen und der Kreativität der Kinder entstehen wieder neue, unverwechselbare Werke.

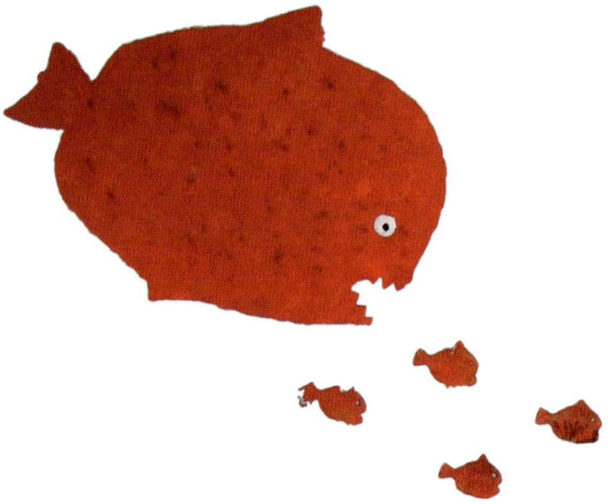

Schule innen schöner machen

Dieses Buch ist aus der künstlerischen Praxis mit Kindern entstanden, aus vielen MUS-E® Stunden und künstlerischen Projekten, bei denen sich die Autorinnen der Gestaltung von Lebensräumen der Kinder, insbesondere der Schule gewidmet haben. Die Fülle der Erfahrungen und der entstandenen Werke spiegelt das große kreative Potenzial der Kinder wider. Kinder sind durchaus in der Lage, qualitativ hochwertige künstlerische Lösungen bei der Gestaltung von Räumen zu finden, wenn man ihnen dabei hilft, zu eigenen Lösungen zu

kommen; Räume, die sie sich durch die kreative Ausgestaltung angeeignet haben, in denen sie sich wohlfühlen – und die sie achten und erhalten.
Nehmen Sie dieses Buch als Inspiration, als Quelle für eigene Ideen. Lassen Sie sich dabei von den Kindern leiten und von den gegebenen räumlichen Voraussetzungen. Alle beschriebenen Projekte lassen sich beliebig abwandeln – allein die unterschiedlichen Gegebenheiten von Räumen machen es schon schwierig, das Beschriebene 1:1 zu übertragen. Nehmen Sie dieses Buch zum Anlass, mit den unterschiedlichen Techniken zu experimentieren und gemeinsam mit den Kindern eigene, neue Gestaltungsmöglichkeiten zu finden. Die Projekte sind weder vollständig „kopierbar“, noch lassen sich bestimmte Ergebnisse mit Sicherheit vorhersagen. Begeben Sie sich einfach gemeinsam mit den Kindern auf ein künstlerisches Abenteuer, und genießen Sie dabei Ihren Freiraum.

Der Aufbau des Buches

Basics: Zu Beginn finden Sie ein Kapitel, in dem Grundlagen erläutert werden, die für alle Projekte zum Tragen kommen.

Alle weiteren Kapitel sind gleich aufgebaut. Die Ansprache ist dabei bewusst an die Kinder gerichtet. Zum einen ermöglicht dies, die Projekte gemeinsam mit den Kindern zu entdecken. Wichtig war es den Künstlerinnen auch, eine Haltung zu fördern, welche die Sicht der Kinder einnimmt und ihre Fragen und ihren Weltblick zum Ausgangspunkt nimmt.

Einleitung: Gedanken, Vorschläge und Fragen führen in das Thema ein. Dies soll Sie und die Kinder ermutigen, sich auf eine eigene Gedankenreise zu begeben und sich selbst Fragen zu stellen: Welche Themen sind für uns besonders wichtig? Welche Orte in unserer Schule wollen wir mit Kunst verändern? Welche Techniken passen am besten zu uns?

So geht es – Schritt für Schritt: Auch wenn in der Praxis und bei der Durchführung der Projekte Spontaneität durchaus nützlich ist und nicht immer ein künstlerischer Schritt linear auf den anderen folgt, haben die Autorinnen für diese Dokumentation die verschiedenen Projekte in einzelne Phasen unterteilt, um es Ihnen zu erleichtern, sich in den Abläufen zurechtfinden, auch wenn Sie kein Künstler oder Kunstlehrer sind.
Die kursiv gedruckten Passagen beschreiben jeweils Entscheidungen oder ergänzende Fortführungen, die für die ganz konkreten vorgestellten Projekte von Bedeutung waren. Sie stehen beispielhaft für Umsetzungsmöglichkeiten, die aber nicht zwingend zum Ablauf gehören.

Infoteil: In den gelben Kästen finden Sie Hinweise zu Alter, optimaler Gruppengröße, erforderlicher Zeit und den benötigten Materialien. Da es auch innerhalb der Altersgruppen unterschiedlich schwierige und aufwändige Projekte gibt, ist der Schwierigkeitsgrad zusätzlich mit ✐ / ✐✐ / ✐✐✐ angegeben.

Viel Spaß und gutes Gelingen wünschen Ihnen

Silke Bachner,	**Winfried Kneip**
Sabine Kehse	Yehudi Menuhin
MUS-E® Künstlerinnen	Stiftung Deutschland

Organisation und Arbeitstechniken

Die richtige Arbeitskleidung

Bevor die Kinder anfangen zu malen, sollten sie unbedingt einen Malkittel, z.B. ein altes langes Oberhemd oder einen abgelegten Pulli überziehen. Wichtig sind dabei lange Ärmel. In den meisten Projekten arbeiten wir mit Acrylfarbe. Die ist nur wasserlöslich, solange sie feucht ist. Nach dem Trocknen geht die Farbe nicht mehr raus. Da wir meistens großflächig arbeiten, empfehlen wir darüber hinaus, generell alte Kleidung anzuziehen, die ruhig ein paar Flecken abbekommen darf – auch unter dem Malkittel. Das gilt also auch für die Hose und die Schuhe. Die Eltern sollten schriftlich informiert werden, damit es hinterher keinen Ärger gibt.

Vorbereitung des Arbeitsplatzes

In den wenigsten Schulen gibt es Räumlichkeiten, die speziell zum Malen und Werkeln ausgestattet sind. Außerdem arbeiten wir bei einigen Projekten direkt auf der Wand. Deshalb müssen der Boden und die Arbeitstische gut abgedeckt werden.

Wir empfehlen dazu Malerfolie, die mit Kreppband am Untergrund fixiert wird. Sie sollte keinesfalls zu dünn sein, da sie sonst schnell reißt. Hier lohnt es sich, ein wenig mehr Materialgeld zu investieren. Allerdings besteht bei der Folie erhöhte Rutschgefahr, insbesondere in Kombination mit umgeschütteten Flüssigkeiten. Deshalb sollten Sie alle Farben und Wasserbehälter auf Tische stellen, damit sie nicht versehentlich umgestoßen werden! Alternativ eignet sich auch Malerkrepp, ein spezielles, relativ dickes Papier auf der Rolle.

Der Raum sollte auf jeden Fall vor Beginn der eigentlichen Kunstaktion entsprechend hergerichtet werden.
Wichtig sind auch genügend Arbeitstische zum Ablegen der vielen Materialien und der Farben. Je übersichtlicher der Arbeitsplatz am Anfang vorbereitet wird, desto besser. Sie sollten an jedem Projekttag auch eine halbe Stunde zum Aufräumen einkalkulieren, damit der Überblick nicht verloren geht.

Richtiges Pinselauswaschen

Da Acrylfarbe sehr schnell trocknet, sollten die Kinder benutzte Pinsel immer sofort in einen Wasserbehälter stellen. Wir arbeiten in der Regel mit Borstenpinseln. Es macht nichts, wenn diese eine Weile im Wasser stehen. Sie verlieren nicht sofort alle Borsten, wie vielfach behauptet. Aber einen eingetrockneten Pinsel – und das passiert schon nach 10 Minuten – können Sie nur noch wegwerfen. Deshalb ist es auch wichtig, die Pinsel nach Gebrauch gründlich auszuwaschen.
Das geht am besten am Waschbecken unter fließendem Wasser. Die Borsten werden dabei zwischen den Daumen und den Fingern hin- und herbewegt, damit das Wasser auch überall hinkommt. Sie müssen aber nicht bei jedem Farbwechsel so gründlich gereinigt werden. Häufig reicht es, wenn die Kinder zwischendurch die Pinsel im Wasserbehälter auswaschen und an einem alten Tuch kurz abputzen. Spätestens am Ende eines Projekttages sollten alle Pinsel einmal gründlich gereinigt werden und dann mit den Borsten nach oben zum Trocknen weggestellt werden.

Arbeiten mit der Heißklebepistole

Die Heißklebepistole heißt nicht nur so, sie ist auch sehr heiß. Deshalb ist im Umgang mit ihr äußerste Vorsicht geboten, sonst holt man sich allzu leicht schmerzhafte Brandblasen.
Trotzdem glauben wir, dass auch 8-Jährige den vernünftigen Umgang mit einer Heißklebepistole erlernen können, und wir halten das auch für sinnvoll.
Dabei sollten die Kinder jedoch stets unter Aufsicht sein und entsprechend angeleitet werden. Insbesondere bei längerem Gebrauch schmilzt der Klebstoff sehr schnell, und es werden sehr hohe Temperaturen erreicht. Deshalb empfehlen wir, den Stecker zwischendurch einmal herauszuziehen, damit die Pistole wieder etwas abkühlen kann.

Aufbewahrung der Farben

Da die Projekte häufig für mehrere Tage vorgesehen sind, ist es sinnvoll, die Farben zum Gebrauch in flache, wiederverschließbare Behälter zu füllen, z.B. Plastikschälchen von Fertigsalaten, Marmeladengläser etc. So kann man Farbreste – und das sind meist nicht wenige – am nächsten Tag wieder benutzen. Es lohnt auf jeden Fall, schon früh genug Gefäße zu sammeln.
Wenn Sie sich unsicher sind, wie viel Farbe Sie für eine Fläche benötigen, mischen Sie lieber zu viel als zu wenig an. Es ist kaum möglich, eine verbrauchte Farbmischung im gleichen Ton wieder herzustellen.

Mengenangaben der Farben etc.

Bei unseren Projektbeschreibungen haben wir bewusst auf genaue Mengenangaben der Farben, Lacke etc. verzichtet.
Schließlich variieren die Größe der Räume und die Anzahl der Kunstwerke. Halten Sie sich am besten an die Mengenangaben des Herstellers auf den Verpackungen. Wir selbst haben bei unseren Projekten vorher immer grob kalkuliert, und sind in den meisten Fällen ganz gut ausgekommen.

In der Regel haben auch bei größeren Gestaltungen ein bis zwei 750ml-Flaschen Acrylfarbe von einem Farbton ausgereicht. Weiß und schwarz haben wir häufig etwas mehr kalkuliert. Einen kleinen Eimer weiße Wandfarbe bereitzustellen, ist in jedem Fall empfehlenswert, weil sie günstiger ist und sich gut zum Aufhellen der Acrylfarben eignet.

Oberflächen abschleifen

Bevor Sie Holzoberflächen bemalen, sollten sie geschliffen werden, da der alte Lack entfernt werden muss. Hängen Sie Zimmer- und Schranktüren oder Fensterrahmen vor dem Schleifen aus. Zum Schleifen wickeln Sie Schleifpapier um ein Holzklötzchen. Beginnen Sie mit grobem Schleifpapier. Wenn der alte Lack ab ist, können Sie noch einmal feineres Papier benutzen. Danach reinigen Sie die Flächen mit einem leicht angefeuchteten Tuch.

Anlegen eines Materialfundus

Um Zeit und Geld zu sparen, ist es ratsam, wenn Sie gemeinsam mit den Kindern nach und nach einen Materialfundus anlegen, auf den Sie bei Bedarf zurückgreifen können. Außerdem ist allein der Anblick der Materialiensammlung häufig inspirierend, und es kommen Ihnen und den Kindern Ideen, an die Sie vorher nicht gedacht haben. Meist findet sich in jeder Schule eine Ecke, ein abschließbarer Schrank oder sogar ein eigener Raum, der als Lager dienen kann.

Hier eine Auswahl von Dingen aus unserem gut sortierten Fundus:

- leere Eierkartons als Farbpaletten
- alte Tafelschwämme zum Tupfen und Wischen, für verschwommene Effekte und weiche Übergänge
- Korken zum Drucken und Basteln von Stempeln (Griffe)
- Zeichenblockpappen zum Herstellen von Schablonen und Druckvorlagen, gut eignen sich auch leere Weinkartons aus dem Supermarkt

- Einmachgläser als stabile Wasserbehälter, die nicht so leicht umkippen
- verschließbare Behälter mit Deckel zum Abfüllen von Farbe
- alte Hemden oder Sweatshirts als Malerkittel
- ausrangierte, zerteilte Bettlaken als Lappen
- Latexhandschuhe, für alle, die nicht so gern mit Farbe in Berührung kommen, besonders beim Arbeiten mit Schwämmchen
- Moosgummireste zur Herstellung von Druckvorlagen
- alte Schuhe für Profildrucke (z.B. Schuhblumen)
- alte Kämme, Eiskratzer vom Auto usw. für Kratzeffekte
- alte Zahnbürsten für Spritztechnik
- Farbrollen zum Ziehen langer Farbbahnen; wird noch ein Bindfaden darum gewickelt, ergeben sich spannende Muster

Zur Sicherheit

Achten Sie bitte während der Arbeit darauf, dass immer ein erwachsener Betreuer in Reichweite ist, insbesondere wenn die Kinder mit gefährlichen Werkzeugen hantieren.
Dazu gehört die Arbeit mit Cuttern/Teppichmessern, Heißklebepistolen, Bohrmaschinen und Sägen aller Art. Stellen Sie sicher, dass die Kinder den Umgang mit allen Werkzeugen, die sie selbst handhaben, beherrschen.

Im Buch sind solche Wekzeuge und Materialien mit dem Symbol ⚠ gekennzeichnet.
Auch Lacke, Bindemittel und Lösungsmittel sollten die Kinder nur unter Aufsicht und in gut gelüfteten Räumen verwenden, da sie gesundheitsschädliche Dämpfe und Hautreizungen verursachen können. Vereinbaren Sie zu Beginn klare Regeln im Umgang mit Gefahrenmaterial und erledigen Sie im Zweifelsfall gefährliche Arbeiten selbst.

Finanzierung und Kooperationen

Falls es Probleme bei der Finanzierung der Projekte gibt, können Sie sich direkt mit der Bitte um Sponsoring an Herstellerfirmen wenden. Häufig erhält man auf diesem Weg einen Teil der Materialien als Sachspenden umsonst. Natürlich kann auch innerhalb der Schule Geld gesammelt werden, um das Projekt zu finanzieren.

- Sie könnten z.B. einen Sponsorenlauf organisieren. Dabei wird ein Lauffest veranstaltet, bei dem sich jedes Kind von seinen persönlichen Sponsoren begleiten lässt. Für jede gelaufene Runde auf dem Sportplatz oder für jeden erwanderten Kilometer erhält das Kind von seinem Sponsor einen vorher bestimmten Betrag.
- Natürlich können auch während eines Kunstprojektes Bilder entstehen, die später versteigert werden, um so einen Teil des Projektes zu refinanzieren.
- Vielleicht hat Ihre Schule ja einen Förderverein, der sich bereit erklärt, einen Teil Ihres Projektes finanziell zu unterstützen.

- Einige der Projekte erfordern besondere handwerkliche Fähigkeiten, oder es werden mehrere Betreuer benötigt.
Hier können sich Eltern und Großeltern sehr gut einbringen.
- Ebenso haben wir gute Erfahrungen mit der Kooperation von Jugendlichen aus Berufsförderwerken gemacht.
Scheuen Sie sich nicht, direkt Berufsförderwerke, das Arbeitsamt, die Arbeiterwohlfahrt, das Jugendamt o.Ä. zu kontaktieren und nach Kooperationsmöglichkeiten zu fragen.

Ein Tag am Meer
Einen Schulflur gestalten

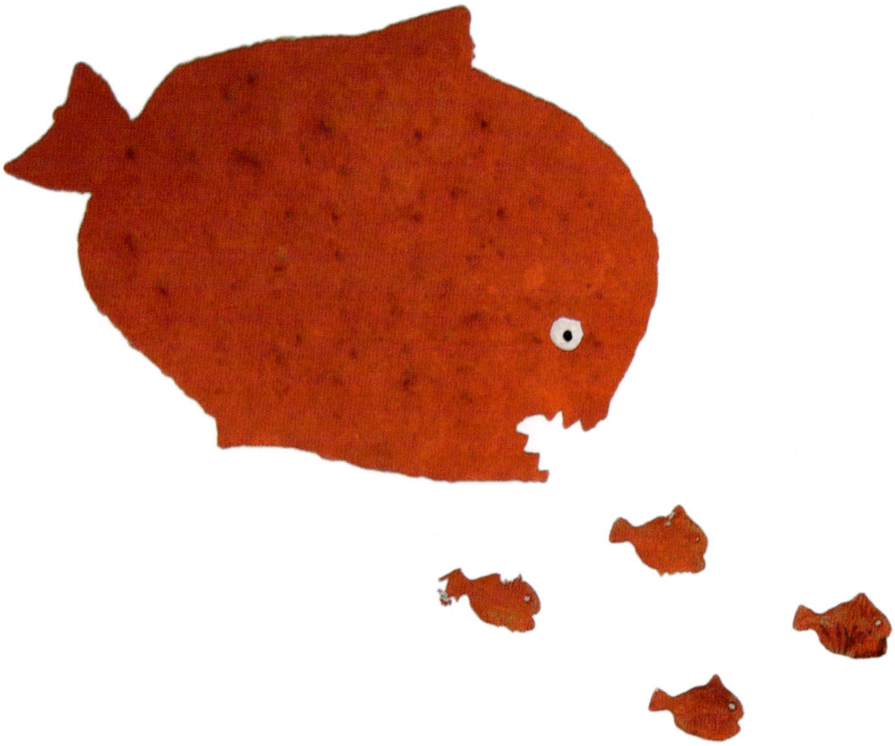

Einleitung

In einer Projektwoche vor den Sommerferien haben wir gemeinsam mit allen Klassen einer 2-zügigen Grundschule eine Wandgestaltung durchgeführt. Wir haben die gesamte erste Etage der Schule in eine Unterwasserwelt verwandelt. Das Projekt hat allen Mitwirkenden sehr viel Freude bereitet. Kinder, Lehrer und Eltern waren begeistert.

Vielleicht gibt es auch in eurer Schule eine Wand, die einen neuen Anstrich dringend nötig hätte. Dann greift doch einfach selbst zu Pinsel und Farbe, und macht euch ans Werk. Bevor ihr jedoch so richtig loslegt, müsst ihr erst einmal ein paar Dinge vorbereiten.

So geht es – Schritt für Schritt

1:: Bilderbuch vorlesen, Bildmaterial anschauen

Lasst euch von einem Bilderbuch inspirieren, findet ein gemeinsames Thema, und überlegt, wie euer Bild gemalt sein soll. Das ist wichtig, denn es soll ja nicht jeder sein eigenes Bild auf die Wand malen, sondern alle zusammen ein Gemeinschaftsbild.

Wir haben uns auf das Thema „Unterwasserwelt" geeinigt. Dazu haben wir uns das Buch „Swimmy" von Leo Leonni angesehen. Uns hat die Abklatschtechnik in dem Buch sehr gut gefallen. Daraus haben wir eine Tupf- und Drucktechnik entwickelt, die richtig gut zu unserem Wasserthema passt.

2:: Hintergrund tupfen

Legt zunächst den Boden mit Abdeckfolie aus, und befestigt diese mit Kreppband.
Zieht nun Latexhandschuhe an. Nehmt Schwämmchen, und betupft die Wand mit hell

eingefärbter Wandfarbe. Die Farben sollten schön hell sein und durchscheinend wirken.

Für unsere Unterwasserwelt haben wir helle Blau- und Türkistöne gewählt, außerdem gelb, weil der Meeresboden ja aus Sand besteht.

Ihr könnt mit großen Handbewegungen ganz locker loslegen. Vielleicht hört ihr dazu Musik und lasst eure Hände einfach über die Wand „tanzen". Ihr dürft die Schwämmchen nur nicht zu nass machen, weil sonst die Farbe an der Wand herunterläuft. Tupft außerdem ganz behutsam, „wischen" sieht meist nicht so schön aus.
Damit ihr auch in den oberen Ecken tupfen könnt, müsst ihr auf Leitern steigen. Am sichersten ist es, wenn unten immer ein Kind die Leiter festhält. Sicher dürft ihr auch ausnahmsweise auf die Tische klettern.

3:: Entwürfe und Schablonen anfertigen

Während der Hintergrund trocknet, macht ihr Entwürfe von den Motiven, die auf die Wand kommen sollen. Dabei bekommt ihr ein Gefühl dafür, welche Farben besonders gut zusammenpassen. Außerdem lernt ihr dabei, groß zu gestalten.
Eine Wandbemalung muss nämlich richtig schön groß sein, damit sie auch von Weitem wirkt.

Auf eurer Skizze probt ihr auch schon die besondere Technik, mit der ihr später die Wand verschönert. Für die Schablonen zeichnet ihr ein Motiv, zum Beispiel ein Seepferdchen, auf eine alte Zeichenblockpappe und schneidet es von innen aus, am besten mit einem ⚠ Cutter. An der Wand benutzt ihr diese hohlen Schablonen, das nennt man Negativ. Probiert eure Schablonen aber zunächst auf einem Skizzenblatt mit Wasserfarbe aus.

4:: Tupfen der Motive an der Wand

Wenn der Hintergrund getrocknet ist und ihr genügend Schablonen hergestellt habt, befestigt sie mit Kreppband an der Wand.
Nun nehmt ihr ein Schwämmchen und wenig (!)

Acrylfarbe und tupft damit vorsichtig die Motive der Schablonen aus.

Unsere Tiere sollten sich nicht nur in einer Ecke tummeln, deshalb haben wir die Schablonen ziemlich gleichmäßig auf der Wand verteilt. Das geht einfacher, wenn man die Wand mit einigem Abstand betrachtet. So konnten wir genau sehen, wo noch Lücken waren.

Leichter geht es außerdem, wenn ihr immer zu zweit arbeitet, und einer von euch beiden die Schablone zusätzlich gegen die Wand drückt. An den Rändern müsst ihr besonders behutsam vorgehen, damit sie nicht „ausgefranst" werden.

Wir haben das Schwämmchen immer in mehrere Farben getunkt, damit unsere Meeresbewohner richtig schön bunt schillern. Damit die Farbe nicht zu dick auf den Schwämmen war, haben wir uns immer zu zweit gegenübergestellt und die Schwämme gegeneinander gedrückt.

5:: Ausgestalten der Motive

Wenn ihr alle Meerestiere platziert habt, werdet ihr feststellen, dass noch etwas ganz Wichtiges fehlt. Wisst ihr was? Genau: die Augen und die Münder. Haben Fische eigentlich Nasen? Die Augen solltet ihr jedenfalls nicht zu klein malen. Ihr könnt sie am besten mit einem kleinen Pinsel aufmalen, oder ihr nehmt euch einen Korken und stempelt sie auf. Auf diese Weise könnt ihr auch kleine Luftbläschen auf die Wand drucken, am besten mit heller Wandfarbe.

6:: Weitere Verzierungen und Details

Auch Wasserpflanzen dürfen natürlich in einem richtigen Ozean nicht fehlen.

Die haben wir mit einer Strukturrolle mit Blumenmuster aufgerollt. Außerdem haben wir aus Schwämmchen und Korken Stempel für die kleinen Steine am Meeresboden gebastelt.

Es ist sehr schön, wenn man mit vielen Materialien ganz unterschiedliche Muster druckt.

Kramt zu Hause in euren Schränken und Schubladen nach Muscheln aus eurem letzten Sommerurlaub. Klebt sie mit Fliesenkleber an die Meereswand. Benutzt am besten fertig angerührten. Der ist zwar etwas teurer, aber erleichtert doch sehr die Arbeit. Am besten lässt er sich mit einem kleinen Holzspatel auftragen.

Auf unserer Wand befand sich ein altes, unansehnliches Waschbecken, das niemand mehr benutzt hat. Wir haben es einfach mit in unsere Gestaltung einbezogen.
Wir haben Steinchen, Muscheln, Seerosen und andere Blumen aus Plastik mit ⚠ Heißkleber daran festgeklebt. Achtung! Heißkleber heißt nicht nur so, er ist auch unglaublich heiß.

7:: Einweihung und Richtfest

Wenn alles fertig ist, dann ladet doch eure Eltern oder die anderen Klassen ein, damit sie euer Werk bewundern können. Vorher müsst ihr natürlich richtig gut aufräumen und saubermachen. Vielleicht habt ihr Lust, zur Feier des Tages eine Party steigen zu lassen.

Wir haben ein rauschendes Wasserfest gefeiert, mit Wassermusik und selbstgebackenen Kuchen in Fischform.

8:: Partyoutfit

Außerdem durfte natürlich das richtige Outfit nicht fehlen. Also haben wir aus Luftballons, Kleister und Zeitungspapier Fischkappen gebastelt.

Dazu kleistert ihr aufgeblasene Luftballons ein und beklebt sie mit vielen Schichten aus kleingerissenem Zeitungspapier. Lasst sie trocknen, und halbiert sie. Die halbierten Schalen schneidet ihr an einer beliebigen Stelle etwa 5 cm senkrecht ein. Setzt die Schalen auf eure Köpfe, um euren Kopfumfang zu ermitteln. Jetzt könnt ihr die eingeschnittene Stelle je nach Bedarf zusammenschieben, damit die Kappe genau passt.
Kommt euch die Kappe zu tief in die Stirn, schneidet ihr einfach ein Stück Rand ab. Nun klebt die Enden so zusammen, dass die Schale genau auf euren Kopf passt. Am besten

benutzt ihr hier auch wieder ⚠ Heißkleber. Aber passt gut auf, dass ihr euch nicht verbrennt. Aus Schaumstoff könnt ihr die Augen und die Flossen ausschneiden und auf eurer Kappe festkleben. Jetzt könnt ihr eure Fischhüte mit Acrylfarbe bemalen.

TIPPS

Im Vorfeld der eigentlichen Gestaltung muss zunächst der alte Anstrich weiß grundiert werden. Dies ist empfehlenswert, damit die Farben hinterher besonders leuchten. Außerdem befindet sich in älteren Schulgebäuden häufig noch Ölfarbe auf den Wänden, die sich kaum bemalen lässt. Damit die Farbe gut durchtrocknen kann, sollte die Grundierung möglichst schon eine Woche vor der eigentlichen Aktion aufgetragen werden.

Unsere aufwändige Gestaltung ließ sich gut in eine Projektwoche integrieren. Die Schulleitung wünschte sich bei unserem Projekt, alle Kinder der Schule mit einzubeziehen. Deshalb haben wir klassenweise mit allen Kindern gearbeitet. Für jede Klasse haben wir ca. 2 Schulstunden bemessen. Die Klassen haben wir innerhalb dieses Zeitraums aufgeteilt. So verblieb ein Teil der Kinder im Klassenraum, und der andere Teil war an der Wand tätig. Um nicht den Überblick zu verlieren, haben an einer Wand nicht mehr als 7 Kinder gleichzeitig gearbeitet.

Je kleiner die Gestaltungsfläche, desto kleiner sollte die Gruppe sein. Es reicht, wenn jedes Kind 20 bis 30 Minuten intensiv gestaltet. Eine einfache Wandgestaltung sollte besser nur im Klassenverband durchgeführt werden, weil es sonst schnell chaotisch wird. Auch lassen sich ansonsten logistische Probleme beim Aufteilen der Kinder kaum vermeiden.

Die jeweilige Technik sollte sich am Alter und den Fähigkeiten der Kinder orientieren. Bei unserem Konzept gibt es für alle Altersstufen in der Grundschule spezielle Aufgaben. Jüngere Kinder beherrschen die Tupftechnik in der Regel schon sehr gut. Ältere Kinder können die Schablonen vorzeichnen und ausschneiden. Auch die filigraneren Tätigkeiten, z.B. Details, wie Augen, Münder, Zähne aufmalen, sollten von den älteren Schülern ausgeführt werden. Einige Gestaltungselemente sind für alle Altersgruppen geeignet, z.B. das Bedrucken der Wand, oder das Aufkleben der Muscheln am Schluss.

Geeignet ist dieses Gestaltungskonzept durchaus auch für ältere Kinder, Jugendliche und Erwachsene.

Alternativ könnt ihr auch auf Fermacellplatten arbeiten, wenn ihr nicht direkt auf der Wand malen wollt oder dürft. Schaut euch dazu das Projekt „Aus aller Welt“ (ab Seite 62) auch an.

Alter/Schwierigkeitsgrad
ab 6 Jahren/🖌

Gruppengröße
ca. 12 Kinder, 1 bis 2 Betreuer

Zeitrahmen
für einen 10 Meter langen Schulflur, beidseitig bemalt, haben wir 25 Zeitstunden benötigt (inkl. Vor- und Nachbereitung, Pausen)

Materialien

:: schön illustrierte **Bilderbücher** zum Einführen in die Thematik, z.B. „Swimmy" von Leo Leonni
:: große **Zeichenblätter**, mindestens DIN A3, besser DIN A2, für eure Entwürfe
:: **Bleistifte** zum Aufzeichnen der Motive auf die Pappen
:: dicke **Abdeckfolie** bzw. **Malerpappe** zum Abdecken der Böden
:: **Kreppband** zum Festkleben der Abdeckfolie und der Schablonen
:: alte **Eimer** als Wasserbehälter, ca. 2 Stück pro Wand
Die Pinsel sollten nach Gebrauch sofort ins Wasser, Acrylfarbe trocknet sehr schnell.
:: eine oder mehrere **Leitern**
:: **Putzlappen**
:: Klassensatz **Borstenpinsel** in unterschiedlichen Größen
:: ca. 20 **Schwämmchen** (Tafelschwämme, Autoschwämme ...)
:: weiße **Wandfarbe** für den Hintergrund
Die erforderliche Menge richtet sich nach der Größe der zu bemalenden Fläche – lieber ein wenig mehr einkalkulieren.
Die weiße Wandfarbe wird mit hellen Acrylfarben im Verhältnis 10:1 abgetönt.
Für die Motive werden alle Grundfarben in großen Mengen benötigt. Daraus lassen sich dann Lieblingsfarbtöne selber mischen (und vorher ausprobieren). Schwarz, verschiedene Brauntöne sowie besondere, schwer mischbare Farbtöne sollten auch vorhanden sein. Acrylfarben benutzt man generell ohne die Zugabe von Wasser.
:: alte **Zeichenblockpappe** oder auseinandergeschnittene **Weinkartons** zum Herstellen der Schablonen
:: **Wasserfarben** zum Vormalen der Motive
Ohne vorherige Erfahrung mit Acrylfarben ist es sinnvoll, die Skizzen auch mit Acrylfarbe zu malen. Auf diese Weise bekommt man ein Gefühl für die Farbe. Ansonsten eignen sich die wesentlich günstigeren Wasserfarben ebenso gut.
:: **Acrylfarben** in verschiedenen Farbtönen (mehrere 750-ml-Flaschen)
:: eventuell **Latexhandschuhe**
:: ausrangierte **Hemden** als Malkittel
Acrylfarbe lässt sich kaum entfernen, wenn sie getrocknet ist. Deshalb auf jeden Fall alte Kleidung tragen, auch alte Schuhe!
:: verschraubbare **Gläser** und **Plastikbehälter** mit hohem Rand für die Farben
:: **Cutter/Teppichmesser** und **Scheren**, zum Ausschneiden der Motive
:: **Korken**, **Kartoffeln** und Ähnliches zum Bedrucken der Wände
Bei der Auswahl der Materialien kann man der Fantasie freien Lauf lassen. Je mehr Muster entstehen, desto schöner wird das Ergebnis. Wichtig: Zum Bedrucken muss die Wand relativ gleichmäßig und eben sein.
:: **Strukturrolle** für die Pflanzen-Elemente
Dies ist eine Farbrolle aus Gummi, in die ein Muster gestanzt wurde. Man benutzt sie ansonsten wie eine normale Farbrolle für die Wände. Sie sind in gut sortierten Baumärkten in der Tapeten-Ecke zu finden.
:: **Muscheln**, **Steinchen**, alles womit man die fertig gestaltete Wand verzieren kann
:: fertig angerührten **Fliesenkleber**
:: kleine **Holzspatel** (vorher **Eisstiele** sammeln!)
:: **Luftballons**, **Tapetenkleister**, **Zeitungspapier**, **Schere** für die Fischhüte

Da geht's lang!
Orientierungsschilder in der Schule

Einleitung

Als in unserer Schule ein Elterncafé eröffnet wurde, wurden wir gefragt, ob wir nicht ein altes Brett gegenüber der Eingangstür unserer Schule so bemalen könnten, dass es direkt ein Hinweis auf das neue Café ist. Klar wollten wir – und deshalb findet heute jeder den Weg zum Elterncafé ganz leicht.

Vielleicht gibt es ja auch an eurer Schule Räumlichkeiten, auf die man etwas genauer hinweisen sollte, weil sie ansonsten leicht übersehen werden. Dann bietet sich so ein gemaltes Orientierungsschild an!

So geht es – Schritt für Schritt

1:: Thema festlegen und Entwürfe anfertigen

Der Raum, auf den ihr hinweisen möchtet, gibt ja schon das Thema vor: Schulbücherei, Milchbar oder auch Schülercafé. Jeder von euch macht nun einen ersten Entwurf mit Bleistift und Buntstiften auf DIN-A1-Papier. Dabei ist es wichtig, dass ihr das Ziel nicht aus den Augen verliert. Arbeitet also von Anfang an recht groß, und begrenzt euch auf eine kleine Farbauswahl. Breitet eure fertigen Entwürfe auf dem Boden aus, und betrachtet sie gemeinsam. Überlegt, welche verschiedenen Elemente wohl besonders gut zur Geltung kommen würden. Wie groß muss das Ganze gezeichnet werden, damit es auch von Weitem gut wirkt? Welche Farben passen besonders gut zusammen? Wählt aus den verschiedenen Entwürfen die besten Motive aus, die ihr hinterher zu einem Bild zusammenfügt.

2:: Fläche grundieren

Falls ihr direkt auf der Wand arbeiten wollt, klebt die zu bemalende Fläche an den Rändern zunächst mit Kreppband ab, und grundiert sie anschließend mit weißer Wandfarbe.
Wenn ihr auf Fermacell oder Sperrholz arbeiten wollt, müsst ihr diese erst mit feinem Schleifpapier anschleifen. Dann wischt ihr den Staub ab und grundiert die Platte zunächst weiß.

3:: Hintergrund farbig gestalten

Wenn die Grundierung gut durchgetrocknet ist, wird zunächst der Hintergrund farbig gestaltet.

Wir haben uns dabei für ein warmes, helles Orange entschieden, weil es besonders fröhlich und einladend wirkt.

4:: Motive aufzeichnen

Die Motive zeichnet ihr nun mit Tafelkreide auf dem farbigen Untergrund vor.
Falls ihr euch einmal vermalen solltet, könnt ihr die Kreide ganz leicht mit einem feuchten Schwamm wieder wegwischen.

Wir haben versucht, von allen Kindern ein Bildelement, ein Muster oder eine andere Idee umzusetzen. Am Ende sollte das Bild wirklich ein Gemeinschaftswerk sein.
Die Kinder, die besonders gut zeichnen können, haben dann auf dem Brett vorgezeichnet.

5:: Motive mit Acrylfarbe ausmalen

Deckt nun den Boden und die Arbeitstische mit Abdeckfolie ab, zieht Malkittel über, und legt los.
Wählt Farben, die gut zueinanderpassen.

Unser Schild sollte fröhlich und einladend wirken, aber trotzdem nicht zu bunt und durcheinander. Deshalb war es wichtig, uns auf bestimmte Farben festzulegen.
Beim Ausmalen mit Acrylfarbe haben wir uns abgewechselt. Damit es nicht zu eng wurde, haben immer nur drei Kinder gleichzeitig an dem Bild gearbeitet. Wir haben mit speziellen Formen, die wir aus Schwämmen ausgeschnitten haben, verschiedene Muster aufgedruckt. So sah das Bild interessanter aus.

TIPPS

Mit unserem Bild wollten wir die Besucher und Gäste der Schule neugierig machen. Deshalb haben wir das Bild nicht extra beschriftet. Als weiteren Hinweis auf das Café haben wir noch einen großen Pfeil mit einer Kaffeetasse unter die Decke gehängt. Der Pfeil zeigt in Richtung des Cafés, und weist so allen Leuten den richtigen Weg. Den Pfeil hat uns ein Lehrer aus einer feuerfesten Fermacellplatte ausgesägt.

Oft sind Schulen für Besucher sehr unübersichtlich. Vielleicht könnt ihr ja ein wenig kreatives Licht ins Schuldickicht bringen, indem ihr nach und nach ein Raumleitsystem für die verschiedenen Räumlichkeiten an eurer Schule anlegt – damit alle gleich wissen, wo es langgeht. Wenn ihr dabei ohne Schrift arbeitet, können sich auch die Erstklässler schon gut zurechtfinden.

Alter/Schwierigkeitsgrad

ab 6 Jahren/

Gruppengröße

Ganze Klasse,
aufgeteilt in Kleingruppen von 6–8 Kindern

Zeitrahmen

ca. 3 Doppelstunden

Materialien

:: **DIN-A1-Papier** für eure Entwürfe
:: **Bleistifte** und **Buntstifte**
:: feines **Schleifpapier**
:: **weiße Wandfarbe** zum Grundieren
:: ein geeigneter Untergrund: entweder ein Stück **Wand**, wenn ihr direkt auf der Wand arbeiten möchtet; oder eine **Sperrholzplatte**; als feuerfeste Variante: eine **Fermacellplatte**, zugeschnitten auf euer gewünschtes Maß
:: **Acrylfarben** (750-ml-Flaschen)
:: **Farbrolle** und **Abstreichgitter** oder einen **breiten Pinsel** zum Grundieren
:: evtl. **Latexhandschuhe**
:: **Abdeckfolie** und **Kreppband** zum Abdecken von Boden und Arbeitstischen
:: **Tafelkreide** zum Vorzeichnen auf die Platten
:: **Borstenpinsel** für jedes Kind
:: **Pappteller** oder alte **Joghurtbecher** als Farbpaletten
:: mehrere **Wasserbehälter**, z.B. kleinere **Eimer**
:: evtl. in Form geschnittene **Schwämmchen** zum Drucken von Mustern

Stilles Örtchen
Gestaltung der Schultoilette

Einleitung

Die Toiletten in Schulen sind meistens nicht besonders einladend. Das liegt vor allem an ihrem ganz speziellen Geruch, aber oft auch an der räumlichen Gestaltung.
Wenn das an eurer Schule auch so ist, dann werdet doch zu „Klopaten" und setzt ein Zeichen. Macht einen Neuanfang für schöneres Pipimachen in der Zukunft und gestaltet eure Toiletten neu. Wetten, dass es dort in Zukunft auch weniger stinkt?

So geht es – Schritt für Schritt

1:: Thema überlegen und Skizzen anfertigen

Überlegt euch, unter welchem Motto ihr künftig eure großen und kleinen Geschäfte erledigen wollt. Vielleicht lasst ihr euch dabei ja von Bilderbüchern inspirieren.

Wir haben uns vorher die „Wilden Kerle" von Maurice Sendak angeschaut.

Wenn ihr euch ein Thema überlegt habt, zeichnet auf große Papierbögen erste Entwürfe mit Bleistift und Buntstiften.

2:: Platten schleifen und grundieren

Legt euch Fermacellplatten bereit, die auf die gewünschte Größe zugeschnitten sind.
Deckt euren Arbeitsplatz gut und großzügig mit Folie ab, und schleift danach die Fermacellplatten mit nicht zu grobem Schleifpapier ab. Wenn ihr den Schleifstaub feucht abgewischt und die Platten abgetrocknet habt, könnt ihr sie mit Wandfarbe weiß grundieren.

Benutzt dazu am besten eine Farbrolle. Ihr könnt natürlich auch direkt auf die Fermacellplatten malen. Durch das Schleifen und Grundieren werden die Flächen allerdings ebener und glatter, und die Farben leuchten schöner.

3:: Hintergrund färben und Motive skizzieren

Wenn alles getrocknet ist, gestaltet zunächst den Hintergrund.

Unsere große Platte haben wir mit Schwämmchen und Acrylfarben in Pastelltönen farbig betupft. Für unsere kleineren Platten haben wir den Hintergrund bewusst weiß gelassen und nur eine kleine Fläche grün ausgemalt.

Dabei muss der Schwamm leicht angefeuchtet sein. Nehmt wenig Farbe und tupft diese auf etwas Schmierpapier leicht ab, damit nicht zuviel Farbe auf dem Schwamm ist.
Ihr könnt auch 2 Schwämme gegeneinanderdrücken. Damit der Hintergrund leicht und luftig wirkt, solltet ihr beim Tupfen nur ganz wenig Druck ausüben. Lasst die Platten dann trocknen.

4:: Motive mit Kreide aufzeichnen

Auf den getrockneten Hintergrund zeichnet ihr nun die ausgewählten Motive mit Tafelkreide vor. Wenn ihr euch hierbei vermalt, könnt ihr die Kreide ganz leicht mit einem feuchten Tuch wegwischen.
Damit es auch wirklich ein Gemeinschaftswerk wird, wechselt euch beim Vorzeichnen ab. Achtet darauf, dass von jedem Kind mindestens ein Element vorkommt.

5:: Motive ausmalen

Malt nun eure vorgezeichneten Motive vorsichtig mit Acrylfarbe aus. Nehmt dabei nicht zuviel Farbe. Fasst den Pinsel ziemlich weit unten in der Nähe der Borsten an, damit ihr einen kontrollierten Pinselstrich ausführen könnt. Hier kommt es wirklich darauf an, ordentlich zu arbeiten, schließlich soll euer Kunstwerk ja von Dauer sein!

Bei den kleinen Platten haben wir die vorgezeichneten Linien nur mit schwarzer Acrylfarbe vorsichtig nachgemalt und auf weitere farbliche Gestaltung verzichtet.

6:: Umrisse nachmalen

Als Letztes malt ihr mit einem dünnen Borstenpinsel mit schwarzer Farbe die Umrisse nach. Das bringt die Farben besonders gut zum Leuchten. Ihr könnt auch schwarze Ölkreide oder Wachsmaler benutzen. Außerdem werden einzelne Farbflächen noch betont, wenn ihr die getrocknete Acrylfarbe noch an einigen Stellen mit farbiger Ölkreide oder Wachsmalern übermalt.

7:: Abschlussschicht auftragen

Euer fertiges und getrocknetes Gemälde müsst ihr noch mit einer besonderen Schutzschicht überziehen. Das kann zum Beispiel der Acrylbinder Capaplex® sein oder auch ein transparenter Wasserlack. Dadurch könnt ihr euer Kunstwerk ganz vorsichtig reinigen, und die Farben verlieren nicht so schnell ihre Intensität. Auch werden die Ölkreiden und Wachsmaler auf diese Weise fixiert. Das heißt, sie verwischen dann nicht, wenn man darüberstreicht.

TIPPS

Natürlich sind der weiteren Gestaltung eurer Toiletten keinerlei Grenzen gesetzt. Sprecht das einfach mit euren Lehrern und der Schulleitung ab.

Wir durften z.B. noch einem Abflussrohr einen neuen Streifenlook verpassen, und haben mit einem Eimer voll Sand, einer Dachlatte und einem Stück Pappe ein Schild gebaut, und damit die Lehrertoilette zur „Monster-Ruhezone" erklärt. Was das wohl bedeutet?
Ruhen hier Monster? Oder hat man hier Ruhe vor Monstern? Wer wohl damit gemeint sein könnte?

Alter/Schwierigkeitsgrad
ab 6 Jahren/

Gruppengröße
1 Klasse, aufgeteilt in Kleingruppen von je 5 Kindern

Zeitrahmen
für einen Raum ca. 2 Doppelstunden

Materialien
:: **Bilderbücher** als Anschauungsmaterial
:: **Zeichenpapier** in DIN A2
:: **Bleistifte** und **Buntstifte**
:: **Tafelkreide**
:: 1 große **Fermacellplatte** (etwa 1 x 1,50 m) für den Waschraum
:: 1 kleine **Fermacellplatte** (etwa 50 x 50 cm) pro Toilettenkammer (im Baumarkt zuschneiden lassen)
:: feines **Schleifpapier**
:: **weiße Wandfarbe**
:: **Farbrolle** und **Abtropfgitter**
:: **Abdeckfolie**
:: **Schwämme**
:: Klassensatz **Borstenpinsel**, sortiert
:: **Acrylfarben** (750 ml-Flaschen) in Rot, Gelb, Blau, Schwarz und Weiß, evtl. Sonderfarben
:: 2–3 Packungen **Ölkreiden** oder **Wachsmaler**
:: **Acrylbinder**, z.B. Capaplex®

Art-Message-Service
Ein Kunst-Kettenbrief

Einleitung

Um die Auseinandersetzung mit Kunst und um Kommunikation zwischen verschiedenen Menschen geht es in diesem Kunstprojekt, dem gemalten Kettenbrief.

Als Erstes haben wir unterschiedliche Kommunikationsformen erforscht. Die einen haben mit Sprache zu tun, zum Beispiel Reden, Telefonieren, Briefe schreiben, SMS verschicken, Scrabble spielen. Andere Verständigungsformen haben nichts mit gesprochener Sprache zu tun. Man verständigt sich nonverbal, das heißt, ohne Worte – beim Malen, beim gemeinsamen Musizieren oder auch beim Tanzen.

Wir haben verschiedene Kunstbilder betrachtet. Einige haben uns besonders angesprochen, einige haben uns seltsam berührt. Andere Bilder dagegen haben uns ganz kalt gelassen, oder uns sogar mit Abscheu erfüllt. Kunst kann starke Gefühle auslösen, wenn man sich mit ihr auseinandersetzt. Wir haben uns eine besondere Kommunikationsform mittels der Kunst ausgedacht: Den gemalten Kettenbrief.

Das ist eine lange Kette von einzelnen Bildern, die wie Dominosteine aneinandergelegt werden. Dabei verwendet jedes Bild Motive oder Farben aus dem danebenliegenden Bild, sodass sie zusammenpassen. Benachbarte Bilder „sprechen“ quasi miteinander.

Am besten legt ihr mit den grundierten Platten erst einmal Reihen und klebt dann die Bildhälften auf.

So geht es – Schritt für Schritt

1:: Grundieren der Platten

Zunächst müsst ihr den Boden oder eure Tische mit Zeitungspapier abdecken und für jedes Kind eine Hartfaserplatte in DIN A2 zurechtlegen. Dann grundiert ihr die glatte Fläche der Hartfaserplatten mit weißer Wandfarbe und Farbrollen. Danach wascht die Rollen gründlich aus – ihr braucht sie noch später zum Versiegeln der Bilder. Lasst die Platten trocknen.

2:: Aufkleben der Bildausschnitte

Sucht euch nun aus Zeitschriften oder Plakaten Bilder aus, und schneidet Teile daraus aus. Sie werden jetzt nicht willkürlich, sondern nach einem bestimmten System mit Alleskleber auf die Platten geklebt. Jedes Kind erhält eine Platte. Die Platten werden in langen, verzweigten Reihen auf dem Boden ausgelegt. Am besten macht ihr das in der Pausenhalle oder in der Turnhalle. Die Bildausschnitte teilt ihr jeweils in 2 Hälften. Dann werden beide Hälften auf zwei nebeneinanderliegende

Platten geklebt, und zwar genau an die Kanten, sodass 2 Platten wie 2 Puzzleteile zusammengehören. An die Verbindungslinie zu den nächsten Platten klebt ihr wieder ein halbes Bild. Auf jeder Platte kleben also 2 Bildhälften. So entsteht eine lange, verzweigte Kette mit vielen Verbindungsstellen. Die letzten Platten der Verzweigungen bleiben unbemalt.

Die einzelnen Platten haben wir auf den Rückseiten durchnummeriert und schließlich einen Plan gezeichnet, damit wir uns die genaue Reihenfolge merken konnten.

3:: Bemalen der Platten

Als Nächstes werden die Ketten wieder auseinandergenommen. Die mit den Bildausschnitten beklebten Platten werden beliebig unter den Kindern der beteiligten Klassen verteilt. Zwischen den Klassen entsteht auf diese Weise ein Netzwerk. So hat jedes Kind die erste Kunstnachricht erhalten und hat nun die Aufgabe, den Ausschnitt auf seiner Platte weiterzumalen.

Wir beschäftigten uns so jeweils mit einem ganz bestimmten Maler, weil wir ja seinen Ausschnitt weitermalten. Dabei gab es keinerlei Vorgaben, außer, dass die Platte am Ende nicht mehr weiß sein sollte. Wir haben Acrylfarben, Wachskreiden, sowie Buntstifte und Bleistifte benutzt.
Jeder konnte beim Malen seine eigenen Ideen umsetzen, und trotzdem entstand ein gemeinsames Kunstwerk.

4:: Versiegeln der bemalten Platten

Wenn die Farbe getrocknet ist, müsst ihr die Platten noch mit Acrylbinder (zum Beispiel Capaplex®) versiegeln. Dafür benutzt ihr wieder die sehr gut ausgewaschenen Lackrollen.

5:: Erneutes Auslegen der Kette und weiteres Vernetzen

Die fertig bemalten Platten haben wir in der Ausgangsform wieder zusammengelegt. Dazu war es wichtig, am Anfang die Platten zu nummerieren und einen genauen Plan zu zeichnen. Als es vollbracht war, waren wir sehr überrascht

über das tolle Ergebnis. Es war spannend zu sehen, wie unterschiedlich die Ausschnitte weitergemalt wurden. Obwohl Kinder unterschiedlicher Altersstufen die Platten mit unterschiedlichen Techniken gestaltet haben, wirkte das Kettengemälde durch seine gemeinsamen Bildausschnitte trotzdem sehr harmonisch.

So entsteht ein Netzwerk, ein bildnerisches Geflecht, das weiterwachsen kann.
Ihr könnt nun das jeweils letzte Bild einer Reihe an eine andere Schule schicken, damit diese den gemalten Kettenbrief fortsetzt. Dazu müsst ihr natürlich noch einen Brief verfassen, in dem ihr erklärt, wofür die Platte gedacht ist und wie man so eine Kette erstellt.

TIPPS

Dieses Projekt eignet sich gut, wenn ihr mit mehreren Klassen zusammenarbeitet. Ihr könnt zum Beispiel einen Flur gestalten, den ihr gemeinsam nutzt. Jeder von euch kann dabei seine eigenen Ideen einbringen und in seiner ganz eigenen Weise malen, und doch wächst ein gemeinsames, lebendiges Kunstwerk.

Als feuerfeste Variante sind Fermacellplatten geeignet. Beide Varianten sind nicht ganz billig. Daher eignen sie sich vor allem für dauerhafte Kunstwerke, zum Beispiel aufwändigere Flurgestaltungen innerhalb der Schule, Raumleitsysteme und so weiter. Wenn ihr weniger Geld zur Verfügung habt, könnt ihr auch einfach Papier in großen Formaten benutzen.

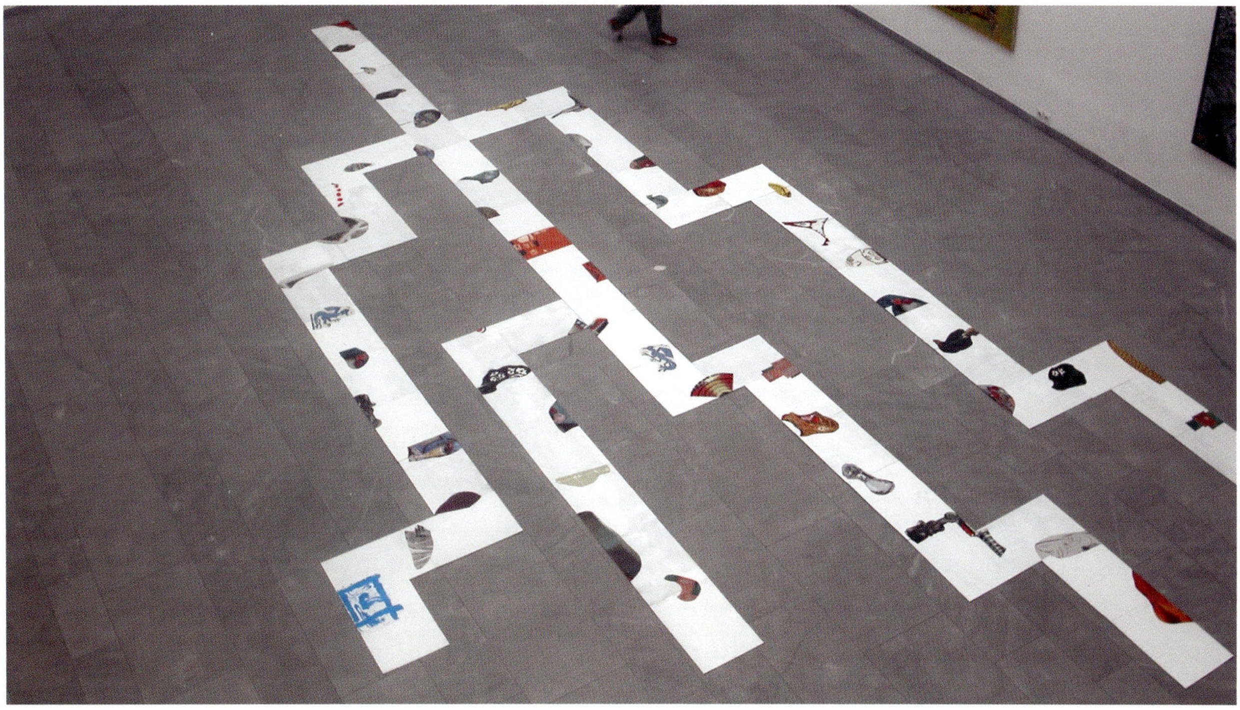

Alter/Schwierigkeitsgrad
ab 6 Jahren/

Gruppengröße
ca. 24 Kinder, 2 Betreuer, Beteiligung mehrerer Klassen vorteilhaft

Zeitrahmen
ca. 5 Doppelstunden

Materialien (pro Klasse)
:: **Kunstplakate** aus Museen
:: **Filmplakate**
:: großformatige **Zeitschriftenbilder**
:: 1 **Hartfaserplatte** pro Kind, 2 mm stark, DIN A2, im Baumarkt zurechtschneiden lassen
:: **Zeitungspapier** zum Abdecken der Tische
:: **Buntstifte** und **Bleistifte**
:: **Alleskleber**
:: **Scheren**
:: 2–5 **Hartfaserplatten**, 2 mm stark, DIN A2, die unbemalt bleiben und an weitere Teilnehmer verschickt werden
:: 10 l **weiße Wandfarbe** zum Grundieren der Hartfaserplatten
:: 5 kleine **Lackrollen** zum Grundieren und Versiegeln der Platten
:: je 1 Flasche **Acrylfarbe** (750 ml) in gelb, rot, blau, weiß und schwarz
:: leere **Eierkartons** als Farbpaletten zum Mischen der Farben, immer zu zweit einen Karton
:: Klassensatz **Borstenpinsel** in unterschiedlichen Größen
:: Klassensatz **Wasserbehälter**
:: wasserfeste **Wachskreiden**
:: ca. 3 l **Acrylbinder**, z.B. Capaplex®, zur Versieglung

Variation: Gemalte Assoziationskette

Einleitung

Dieses Projekt eignet sich gut als Variation zum gemalten Kettenbrief, da weniger Material und weniger Vorbereitungen nötig sind. Trotzdem könnt ihr zusammenarbeiten und auf diese Weise miteinander kommunizieren. Ihr gestaltet eine Bilderreihe, bei der sich immer ein Bild auf das vorherige bezieht, so wie beim Spiel „Stille Post".

Zur Inspiration haben wir uns vorher die Bücher „Die ganze Welt" und „Mein Garten" angesehen, beide von Katy Couprie und Antonin Louchard.

So geht es – Schritt für Schritt

1:: Gemeinsames Thema finden und Bildmaterial anschauen

Bevor ihr richtig loslegt, besprecht ihr das Prinzip der Assoziationskette. Dazu ist es hilfreich, sich vorher entsprechende Bücher anzuschauen (s.o.). Das erste Bild kann z.B. ein vergrößertes Foto, eine Kopie oder ein Ausschnitt aus einer Zeitschrift sein.
Das ist der Anfang eurer gemalten „Stillen Post".
Ihr könnt euch natürlich auch ein ganz bestimmtes Thema überlegen, zu dem ihr auf diese Weise gestalterisch arbeiten wollt. Das kann ein Thema sein, das ihr gerade im Unterricht behandelt, eine bestimmte Farbe oder ein Gefühl. Eurer Fantasie sind bei diesem Projekt keine Grenzen gesetzt.

2:: Das erste Bild aufkleben

Lasst euch Sperrholzplatten auf die Größe 1,60 m x 20 cm zuschneiden. Ihr wählt zum Beispiel das erste Bild (a) aus einer Zeitschrift aus, schneidet es auf die Größe 20 x 20 cm zurecht, und klebt es mit Kleister ganz glatt auf die linke Ecke eurer ersten Platte. Streicht am besten nur die Platte mit Kleister ein, damit das Papier nicht zu sehr durchweicht. Das erste Bild kann natürlich auch von euch selbst gemalt werden. Dann gebt ihr die Platte an euren Nachbarn weiter.

3:: Gestalten der Bilderreihen, immer 8 Kinder eine Platte

Ein zweites Kind gestaltet nun ein Bild (b) der Größe 20 x 20 cm, das sich auf das erste Bild bezieht. Dabei könnt ihr euch vom Thema des ersten Bildes inspirieren lassen, oder von den Farben, der Form. Wir haben unsere Bilder mit unterschiedlichen Techniken gestaltet.

Da das Format 20 x 20 cm recht klein ist, haben wir vor allem Zeichentusche und Buntstifte benutzt, aber auch Wasserfarbe mit feinen Pinseln oder Pastellkreiden.

Das Bild (b) klebt ihr rechts neben das erste Bild (a). Der Nächste gestaltet ein Bild (c), das sich wiederum auf das vorhergehende (b) bezieht, und klebt es wieder rechts neben Bild (b). So geht es immer weiter, bis acht Kinder gemeinsam eine Platte, also eine Assoziationsfolge (a–h), gestaltet haben. Ein Bild antwortet dabei immer gestalterisch auf das vorige Bild. Vergleicht doch mal am Ende das erste und das letzte Bild. Gibt es noch Gemeinsamkeiten, oder hat sich das Thema total gewandelt?

Was haben sich die Künstler beim Weitermalen wohl gedacht?

TIPPS

Gestaltet pro Klasse mehrere kleine statt eine große Assoziationskette, damit möglichst viele Kinder gleichzeitig arbeiten können.

Alter/Schwierigkeitsgrad

ab 6 Jahren/

Gruppengröße

Eine oder mehrere Klassen, die Durchführung eignet sich gut für die Freiarbeit, da immer nur einige Kinder an den Platten arbeiten und die anderen in der Zwischenzeit etwas anderes machen können.

Zeitrahmen

ab 2 Doppelstunden

Materialien (für eine Assoziationsfolge)

:: evtl. **Bücher** zur Inspiration (s.o.)
:: 1 **Sperrholzplatte**, 1,60 m x 20 cm, für je 8 Einzelbilder; also 3 Platten für 24 Kinder, alternativ: feuerfeste **Fermacellplatten** der gleichen Größe
:: DIN-A4-**Papier**
:: Klassensatz **Scheren**
:: **Kleister**
:: **Buntstifte**
:: **schwarze Zeichentusche** für die Konturen
:: **Wasserfarben** und feine **Pinsel**
:: **Wachsmaler** oder **Pastellkreiden**
:: evtl. **Zeitschriften** und **Klebestifte** (Collagetechnik)

Farbfluss durchs Schulgebäude
Ein gemalter Fries

Einleitung

Im Zuge neuer Brandschutzbedingungen mussten in den meisten Schulen Bilder und Skulpturen der Schüler von den Fluren entfernt werden – also der ganze Schmuck, der Farbe in die Schule gebracht hatte – und zurück blieben kahle Wände. Vielleicht geht es euch auch so, und ihr habt Lust, eure Schule farbig und schön zu gestalten.

Wir haben Gefallen an dem Künstler Joan Miró gefunden. Er hat ein mehrere Meter langes Kunstwerk auf eine Mauer in Spanien gemalt: ein Wandfries. Mit einem solchen Fries haben wir die Empfangshalle unserer Schule gestaltet – und das sogar feuerfest.

So geht es – Schritt für Schritt

1:: Entwerfen des Frieses

Zunächst messt ihr die Länge der Wand aus, auf die der Fries später gehängt werden soll. Teilt das Ergebnis durch 84 cm. So lang ist die breite Seite des DIN-A1-Formates. Nun wisst ihr, wie viele Fermacellplatten ihr benötigt. Dementsprechend fertigt ihr mit Bleistift und Wasserfarben Entwürfe auf DIN-A4-Papier im Querformat an.

Wenn ihr wie Miro arbeiten wollt, entwerft eure Figuren, indem ihr mit geschlossenen Augen Linien und Kreise in drei Sekunden zieht und danach schaut, was ihr in den Linien entdeckt. Diese Linien zieht ihr dann stärker nach und malt die einzelnen Teile aus. Ergänzen kann man dann die Bilder noch mit typischen Zeichen von Miro, z.B. einem Stern oder einem Mond.

Diese Entwürfe sind nun die Vorlagen für die Platten, die den Fries bilden.

2:: Hintergründe auf die Platten malen

Zunächst klebt ihr den Boden mit Folie ab. Dann schleift ihr die Platten mit Schleifpapier, grundiert sie mit Hilfe der Farbrollen mit weißer Farbe und schleift sie nach dem Trocknen erneut. Dann nummeriert sie auf den Rückseiten, und legt so viele Platten im Querformat (also mit der schmalen Seite) aneinander, wie es der Raum zulässt.

Auf diese Weise erhaltet ihr einen durchlaufenden Hintergrund. Nun einigt ihr euch auf eine oder wenige, ähnliche Hintergrundfarben. Rührt eine große Menge von der Farbe an, sodass sie für alle Platten ausreicht.

Tupft sie mit angefeuchteten Schwämmchen deckend auf die Platten auf. Später stellt ihr die fertigen Hintergründe beiseite und legt die nächste Reihe aus.

Wir haben uns für ein warmes Ocker, ein sonniges Gelb und ein erdiges Rotbraun entschieden, da diese Töne sehr freundlich aussehen und Miró sie für viele Bildhintergründe gewählt hat.

Die Farben haben wir dabei ineinandergetupft, wobei einige Platten eher rötlich wurden, andere eher gelb.

3:: Motive aufmalen

Wenn die Hintergründe getrocknet sind, zeichnet ihr mit Bleistiften oder Tafelkreide die Motive auf die Platten auf. Dabei soll es auch Bildelemente geben, die über zwei aneinanderstoßende Platten laufen, damit der Fries nachher durchlaufend ist.

Die Motive malt ihr nun mit Acrylfarbe aus. Wenn sie getrocknet ist, umrandet ihr die Figuren noch mit einem feinen Borstenpinsel mit schwarzen Konturlinien.

Außerdem könnt ihr mit Ölkreiden bestimmte Stellen hervorheben. Zum Schluss werden die Bilder noch mit einem Acrylbinder versiegelt und aufgehängt.

4:: Einweihungsfest

Zur Einweihung der Wandgestaltung haben wir ein Fest veranstaltet, zu dem alle Schüler, Lehrer, Eltern, Verwandte, Bekannte und Freunde eingeladen wurden.

Wir haben Einladungskarten und Plakate zur Ausstellung gestaltet und geschrieben.

Außerdem haben wir einen kleinen Ausstellungsführer verfasst und vervielfältigt.

Auf dem Einweihungsfest haben einige von uns Führungen durch die Ausstellung geleitet.

TIPPS

In unserem Fall war die Wand eine weiß getünchte Backsteinwand. Daher konnte man nicht auf der Wand direkt arbeiten. Bei einer glatt verputzen Wand kann ein Fries natürlich auch sehr schön aussehen, wenn er direkt auf den Putz gemalt wird.
Unsere Platten werden einfach mit dicken Schrauben an die Wand gedübelt.

Alter/Schwierigkeitsgrad
ab 6 Jahren/🖌🖌

Gruppengröße
eine Schulklasse, 2 Betreuer

Zeitrahmen
ca. 10 Doppelstunden

Materialien
:: **Kunstbücher** oder **Bildmaterial**
:: **Bleistifte**
:: **Wasserfarben**
:: **DIN-A4-Papier**
:: **Zollstock**
:: ca. 12 **Fermacellplatten**, auf DIN A1 zugeschnitten
:: ca. 20 Bögen feineres **Schleifpapier** und **Holzblöcke** als Hilfsmittel
:: evtl. **Latexhandschuhe**
:: **Zeitungspapier** zum Abdecken der Tische
:: **Abdeckfolie** und **Kreppklebeband** zum Abdecken des Bodens
:: leere **Eierkartons** als Farbpaletten zum Mischen der Farben, immer zu zweit einen Eierkarton
:: 1 Eimer weiße **Wandfarbe** oder **Acrylfarbe**
:: kleine Farbrollen und Farbwannen
:: je 1 Flasche **Acrylfarbe** (750 ml) in Gelb, Rot, Blau, Weiß und Schwarz
:: eventuell einen **speziellen Farbton** für den Hintergrund, die Menge richtet sich nach der Packungsangabe und der Größe der Fläche
:: **Schwämmchen** zum Tupfen der Hintergründe
:: Klassensatz **Borstenpinsel** in unterschiedlichen Größen
:: Klassensatz **Wasserbehälter**
:: 1 l **Acrylbinder**, z.B. Capaplex®, als Versieglung
:: **Ölkreiden**
:: **Schrauben** und **Dübel** zum Befestigen

Kunst am Meter
Endloskunst zum Versteigern

Einleitung

Anlässlich der 5. Dortmunder Museumsnacht haben wir gemeinsam mit Kindern und Jugendlichen den 6 Meter hohen Lichthof des Museums am Ostwall in Dortmund zum Thema „Aus aller Welt" dekoriert. Wir entwickelten mit den Kunstkursen des Museums das Konzept, mit verschiedenen künstlerischen Techniken gestaltete Papierbahnen von den Balkonen des Lichthofes herunterhängen zu lassen.
Die Bahnen wurden zunächst komplett aufgerollt, und an einer selbst angefertigten Halterung am Geländer der Balkone befestigt. Im Verlauf der Museumsnacht wurden sie abgerollt, sodass immer mehr – und immer neue Kunst zum Vorschein kam. Nach und nach wurde meterweise von den Rollen abgeschnitten und als „Kunst am Meter" versteigert.

So geht es – Schritt für Schritt

1:: Bildmaterial anschauen

Findet ein gemeinsames Thema, oder übernehmt das Thema der Projektwoche, und schaut euch dazu Bücher und anderes Bildmaterial an.

2:: Techniken ausdenken und ausprobieren

Überlegt euch, mit welchen Techniken ihr die Papierbahnen gestalten wollt.
Gut geeignet sind großflächige Graffitis, Collagen und Malerei. Probiert die verschiedenen Techniken vorher auf Zeichenblättern aus. Deckt Boden und Tische mit Abdeckfolie ab. Danach rollt ihr die Papierbahnen aus.

Kürzt die Bahnen entsprechend eurer räumlichen Möglichkeiten. Wenn alle fertig gestaltet sind, könnt ihr sie wieder zusammenkleben. Berücksichtigt bei eurer Gestaltung, dass die Bahnen später von oben abgerollt werden sollen. Arbeitet also auf dem Papier hochformatig.

Die verschiedenen Techniken haben wir auf den Rollen ganz beliebig angewandt, es sollte ja eine bunte Kunstmischung entstehen. Wichtig war für uns außerdem, sehr großflächig zu arbeiten. Zum einen hatten wir viele, viele Meter zu bemalen, da kommt man mit feinen, kleinteiligen Techniken nicht schnell weiter. Zum anderen diente das Ganze ja als Dekoration und musste also auch von Weitem gut aussehen.

3:: Schablonengraffitis

Bastelt euch Schablonen aus Pappe. Zeichnet zunächst Motive auf die Pappe auf, und schneidet das Innere aus. Die Negative der Schablonen legt ihr auf die Papierbahnen und sprüht sie mit Sprühfarbe aus. Arbeitet dabei am besten draußen, und auf jeden Fall mit Mundschutz und Latexhandschuhen. Alternativ könnt ihr die Schablonen auch mit Schwämmchen und Acrylfarbe austupfen. Ihr könnt die Schablonen mehrmals verwenden, und schafft so viele Kunst-Meter.

4:: Collagetechnik

Schneidet aus Zeitschriften passende Motive aus, und vergrößert sie am Fotokopierer. Dadurch werden die Bilder verfremdet und bekommen einen ganz anderen Charakter.

Die Bildmotive schneidet ihr erneut aus und klebt sie mit Kleister auf die Papierbahnen. Wenn der Kleister getrocknet ist, malt ihr die Motive mit Acrylfarbe weiter und verbindet sie so miteinander.

Bei dieser Technik haben wir ausschließlich schwarze und weiße Farbe benutzt, damit die Kopien und die Malerei ein Bild ergaben.

Bei der Collagetechnik könnt ihr auch Bildteile sich überlagern lassen.

5:: Malen mit Acrylfarben

Zeichnet zunächst möglichst groß eure Motive mit Kreiden auf das Papier. Dann malt ihr sie mit Acrylfarben aus. Beschränkt euch dabei auf wenige Farbtöne. Wenn die Farbe getrocknet ist, zieht die Konturen mit schwarzer Acrylfarbe und Wachskreiden nach.

6:: Montage der Papierbahnen

Arbeitet am besten im Freien oder im Schulflur, damit ihr genug Platz habt.
Legt die Teilstücke mit den Enden übereinander, und verbindet sie mit doppelseitigem Klebeband. Wenn ihr genügend Meter für eine Rolle verbunden habt, befestigt ihr mit ausreichend Klebeband den Anfang der Papierbahn an einer Papprolle und rollt zu zweit das Papier auf. Steckt die fertigen Rollen auf Besenstiele. Damit man die Papierbahnen abrollen kann, muss die Papierrolle auf dem Besenstiel zu bewegen sein. Also darf nur der Besenstiel befestigt werden.

Wir haben die Enden des Besenstiels mit festem Band am Geländer im 1. Stock angeknotet. Dabei haben wir darauf geachtet, dass die Rolle etwas Abstand zum Geländer hat, damit sie frei laufen kann.
Zur Präsentation hatten wir die Enden der Papierbahnen bereits vom Geländer bis zum Boden abgerollt. Neben jeder Rolle haben sich zwei Kinder postiert, um die Kunst am laufenden Meter immer weiter abzurollen, meterweise abzuschneiden und zu versteigern. Die letzten Meter von der Rolle bestanden nur noch aus Blanko-Papier.

Wenn ihr die Bahnen nicht abrollen wollt und sie einfach so aufhängen möchtet, könnt ihr sie direkt an einem Geländer oder Ähnlichem befestigen.

TIPPS

Vielleicht plant ihr ja gerade euer nächstes Schulfest. Es sieht bestimmt sehr schön aus, wenn ihr die bemalten Papierbahnen aus den oberen Fenstern bis auf den Schulhof herabhängen lasst. Mit einer Versteigerung von „Kunst am Meter" könnt ihr nebenbei noch eure Klassenkasse aufbessern, zum Beispiel für tolle, neue Kunstmaterialien!
Aber Achtung: Das geht nur bei trockenem, windstillem Wetter.

Alter/Schwierigkeitsgrad
ab 6 Jahren/

Gruppengröße
ca. 25 Kinder, aufgeteilt in 5 Gruppen (für 5 Bahnen); 1 bis 2 Betreuer

Zeitrahmen
ca. 10 Doppelstunden; das Projekt ist gut geeignet für eine Projektwoche

Materialien

:: 5 Rollen unterschiedliches, unbedrucktes, nicht zu dünnes und **reißfestes Papier** aus dem Papiergroßhandel
Bei unserem Projekt hatte jede Rolle das Format: 1 m x 25 m.
:: **Zeichenblätter** für eure Entwürfe
:: **Bleistifte** für eure Skizzen
:: dicke **Abdeckfolie** und **Kreppband** zum Abdecken der Tische und Böden
:: evtl. **Latexhandschuhe**
:: viele ausrangierte Hemden als Malkittel
(Acrylfarbe und Sprühfarbe lässt sich kaum entfernen. Deshalb solltet ihr auf jeden Fall alte Kleidung tragen, auch alte Schuhe.)

Schablonengraffitis

:: **Cutter/Teppichmesser** und **Scheren** zum Ausschneiden der Motive
:: **Sprühfarben** (3–4 Dosen)
:: **Mundschutz**
:: alte **Zeichenblockpappe** oder andere Pappe zum Herstellen von Schablonen
:: **Latexhandschuhe**

Collagetechnik

:: **Schwarz-weiß-Kopien** aus Zeitschriften und Büchern
:: **Scheren** zum Ausschneiden der Motive
:: fertig angerührter **Kleister** zum Aufkleben der Motive
:: **Wachskreiden** (5 Packungen à 10 Farbtöne) und **Acrylfarben** (siehe oben) zum Weitermalen der Ausschnitte

Malen mit Acrylfarben

:: Klassensatz **Borstenpinsel** in unterschiedlichen Größen
:: je 1 Flasche **Acrylfarbe** (750 ml) in Rot, Gelb, Blau, Schwarz und Weiß
:: ca. 20 **verschließbare Behälter** für die angemischten Acrylfarben (z.B. Margarinetöpfchen)

Befestigung der Papierrollen

:: 1 **Papprolle** pro Papierbahn (Versandröhre), so breit wie die Papierbahn
:: 1 **Rundholzstange**/1 **Besenstiel** pro Rolle, deutlich breiter als die Papprolle
:: **stabiles Band** zum Befestigen der Holzstange, z.B. an einem Geländer
:: doppelseitiges **Klebeband** zum Befestigen des Anfangs der Papierbahn an der Papprolle

Albträume im Einmachglas
Gestaltung gegen Angst

Einleitung

Hast Du schon einmal einen richtig schlimmen Traum gehabt? Einen, der dich nachts schweißnass aufwachen und nicht mehr einschlafen lässt – einen richtigen Albtraum also? Dann geht es dir so wie vielen von uns. Wir haben uns mit diesen fiesen Träumen beschäftigt, wir haben sie uns angeschaut und darüber geredet, wie man sich dabei fühlt. Dann haben wir ihnen aus Ton eine Form gegeben und sie schließlich eingesperrt, damit sie uns keine Angst mehr machen können. Eine gute Idee, oder?

So geht es – Schritt für Schritt

1:: Erzählkreis

Setzt euch zusammen, und tauscht eure Erfahrungen aus. Jeder, der möchte, darf einen schlimmen Traum erzählen. Beschreibt, wie ihr euch bei so einem Traum fühlt und was der Traum mit euch und eurem Körper macht. Überlegt gemeinsam, was ihr machen könnt, wenn ihr von so einem schlimmen Traum geweckt werdet. Geht behutsam miteinander um, denn das ist ein schwieriges Thema. Niemand muss darüber sprechen, der das nicht möchte!

2:: Entwürfe machen

Macht eine Bleistiftskizze zu eurem Traum. Wenn ihr verfolgt werdet, zeichnet euren Verfolger. Das sind ja oft ganz bestimmte Wesen, z.B. Hexen, Monster oder böse Menschen. Ihr könnt auch eine Figur erfinden als Symbol für euren Traum. Vielleicht schaut ihr euch vorher Abbildungen in Büchern oder Comics an.

3:: Ton schneiden und vorbereiten

Als Nächstes schneidet ihr Ton in Scheiben. Das geht mit einer Drahtschlinge so leicht wie durch Butter. Jeder bekommt einen Klumpen, der gut in zwei Hände passt. Den Ton knetet ihr mit euren Händen weich. Schließt dabei die Augen, dann bekommt ihr mehr Gefühl für den Ton.

4:: Gezeichnete Figuren oder kleine Traumszenen formen

Den weich gekneteten Ton könnt ihr nun leicht formen. Das macht ihr am besten direkt auf dem Tisch – den könnt ihr hinterher leicht wieder sauberwischen. Holzbrettchen und Plastik-Tischsets eignen sich ebenfalls als Unterlage, aber keinesfalls Zeitungspapier. Ihr könnt nun das Wesen formen, das euch in euren Träumen verfolgt, und das ihr vorher schon gezeichnet habt. Wenn ihr möchtet, könnt ihr auch einfach ein Detail formen, zum Beispiel eine riesige Hand oder einen knorrigen, alten Baum.

Die Figur wird stabiler, wenn ihr möglichst alles aus einem Stück formt, denn alles, was ihr nachträglich anbaut, bricht später schneller ab. Formt lieber alles etwas gröber – nicht zu dünn und fein. Falls ihr doch etwas dransetzen möchtet, müsst ihr beide Kontaktstellen mit dem Schaschlikspieß vorher gut anritzen, dann fest zusammendrücken und schließlich die Ränder glattstreichen. Wenn ihr vorsichtig mit dem Finger dagegenschnippt, könnt ihr überprüfen, ob es hält. Arbeitet sorgfältig, denn sonst fallen die einzelnen Teile nach dem Trocknen wieder ab.

Ihr müsst natürlich auch die Größe eures Einmachglases im Auge behalten, dann darin sollen die Figuren ja später eingesperrt werden. Wenn ihr zügig arbeitet, braucht ihr kein Wasser.
Nur, wenn ihr den Ton sehr lange in euren Händen haltet, kann er austrocknen. Dann könnt ihr eure Fingerspitzen in wenig (!) Wasser tauchen und den Ton wieder glattstreichen.

5:: Tonfiguren einsperren und in der „Galerie der Albträume" ausstellen

Löst die fertig modellierten Figuren vorsichtig vom Untergrund, und stellt sie in euer sauberes Einmachglas. Größere Teile lassen sich manchmal nur schwer vom Untergrund lösen, ohne dass sich dabei die Figur verformt. Hier könnt ihr vorsichtig mit der Drahtschlinge den Ton vom Untergrund abziehen. Eine ganz dünne Schicht bleibt dann einfach am Tisch kleben, das schadet eurer Figur jedoch nicht. Wenn ihr eure Alptraumgestalten in euren Gläsern verstaut habt, schnell den Deckel drauf – und schon sind die Biester gebändigt. Die Gläser wirken besonders zu mehreren gut. Stellt sie doch nebeneinander in ein Regal, und gestaltet so eine Galerie der Albträume. Jetzt sehen sie nur noch toll aus und können niemandem mehr einen Schrecken einjagen.

TIPPS

Wir haben unsere Figuren nicht im Ofen brennen lassen, weil sie durch eingeschlossene Luftbläschen, die sich bei Hitze ausdehnen, häufig im Brennofen platzen.
Gebrannte Tonfiguren sind natürlich haltbarer. Wenn ihr schon mehr Erfahrung im Umgang mit Ton habt, könnt ihr sie also ruhig brennen, bevor ihr sie in die Gläser setzt. Dann muss der Ton aber vor der eigentlichen Arbeit mehrmals auf dem Tisch geschlagen werden, damit die Luft entweichen kann. Natürlich können die Figuren auch später noch mit Wasser- oder Acrylfarbe bemalt werden. Uns hat jedoch besonders die Schlichtheit des rohen Tons gefallen, die die Wirkung der Figuren noch unterstreicht.

Alter/Schwierigkeitsgrad
ab 6 Jahren/

Gruppengröße
eine Klasse

Zeitrahmen
1–2 Doppelstunden

Materialien
:: **gruselige Comics**, Märchenbücher etc. als Anschauungsmaterial
:: **Bleistifte**
:: **Zeichenblöcke** DIN A4
:: ca. 3 Pakete **weicher Ton** zu je 10 kg (muss nicht gebrannt werden)
:: eine **Drahtschlinge** zum Schneiden
:: ein **Schaschlikspieß** pro Kind
:: evtl. ein kleines **feuchtes Tuch** und eine **Plastiktüte** zum Feuchthalten
:: ein **Einmachglas** pro Kind, alternativ ein großes Gurkenglas ohne Etikett
:: ein freigeräumtes **Regal** oder eine **Vitrine**, zum Ausstellen der Objekte

Farbtupfer im Klassenraum
Schöner lernen

Einleitung

In einem Klassenraum verbringt man meistens mehrere Jahre. Dabei wird der Raum oft zu einem zweiten Zuhause. Damit man sich auch wirklich wohlfühlt und gerne dort seine Zeit verbringt, ist ein gemeinsames Raumgestalten ein schönes Projekt.

Wir haben die Wände sowie einen alten, unansehnlichen Wandschrank neu bemalt und zum Schluss noch die Gardinen im gleichen Stil gestaltet.

So geht es – Schritt für Schritt

1:: Motivsuche

Um einen einheitlichen Stil zu bewahren, sucht zunächst gemeinsam ein Bild aus einem Buch, das euch gefällt. Wichtig ist es, dabei eine Technik zu wählen, die sich leicht umsetzen lässt.

Uns gefielen die Geschichte und die Bilder von der „Raupe Nimmersatt“ sehr gut. Wir haben die Geschichte zusammen gelesen, uns die Bilder angeschaut, und anschließend hat jeder von uns ein eigenes Bild zu der Geschichte gemalt. Gemeinsam haben wir dann Motive ausgewählt und überlegt, wo wir sie hinmalen.

Zeichnet eure Entwürfe mit Bleistift und Buntstiften auf DIN-A1-Papier. Die Motive sollten dabei nicht zu klein sein. Sonst verlieren sie sich leicht im Raum, und der Raum könnte unruhig wirken.

Bemalen eines Schrankes

1:: Schleifen der Holzteile

Zunächst müsst ihr die Türen aushängen, auf abgedeckte Tische legen und gründlich schleifen, da der alte Lack entfernt werden muss. Zum Schleifen wickelt ihr Schleifpapier um ein Holzklötzchen. Beginnt mit grobem Schleifpapier. Wenn der alte Lack weggeschliffen ist, könnt ihr noch einmal feineres Papier benutzen. Danach müsst ihr die Türen mit einem leicht angefeuchteten Tuch reinigen, bis sie staubfrei sind.

2:: Grundieren

Anschließend grundiert ihr die Türen mit Holzgrundiermittel und lasst sie gut trocknen. Dafür benutzt ihr Lackrollen. Haltet beim Lackieren mit der Rolle immer eine Richtung ein, damit die Farbe gleichmäßig aufgetragen wird. Nach der Benutzung müsst ihr die Rollen immer direkt gut auswaschen, sonst werden sie hart.
Während des Trocknens schleift und grundiert ihr auch den Rahmen des Schrankes.

Dabei müsst ihr den Boden gut mit Abdeckfolie abdecken. Arbeitet mit wenig Farbe, damit nichts auf den Boden tropft.
Also: Streift den Pinsel immer gut ab und übermalt alle „Nasen“ immer sofort.

3:: Bemalen

Schleift alle Holzteile nach dem Trocknen noch einmal, reinigt die Türen und Schrankteile wieder, und färbt sie dann mit dem Holzacryllack in der gewünschten Hintergrundfarbe. Dazu benutzt ihr wieder die Lackrollen.

Nach diesen ganzen Vorbereitungen geht es jetzt ans eigentliche Gestalten:
Mit Bleistift oder Tafelkreide zeichnet ihr zunächst die Motive auf und malt sie anschließend mit Pinseln und Acrylfarbe aus. Mischt euch nach Bedarf die richtigen Farben. Feinheiten könnt ihr auch mit Wachsstiften oder Ölkreiden ganz zum Schluss reinzeichnen.

Der fertig bemalte Schrank wird am Ende noch einmal mit den Lackrollen klar lackiert.

4:: Tipp

Diese Arbeit ist gut für das Frühjahr oder den Sommer geeignet, wo ihr im Freien arbeiten könnt oder die Fenster ganz weit öffnen könnt. Aber Achtung, wenn es zu heiß ist, trocknet der Lack zu schnell und ihr könnt Fehler nicht mehr ausbessern.

Bemalen der Wände

1:: Wände vorstreichen

Als Nächstes haben wir die Wände unseres Klassenzimmers gestaltet. Bei unserem Projekt haben uns die Eltern ganz toll unterstützt, indem sie uns zuerst die Wände im gewünschten Farbton gestrichen haben. Das hat allen Beteiligten sehr viel Spaß gemacht, und alle sind sich ein wenig nähergekommen.

2:: Motive aufmalen

Auf die gestrichenen Wände zeichnet ihr mit Bleistift die ausgewählten Motive und malt sie mit der Acrylfarbe aus. Nehmt dabei nicht zuviel Farbe, damit sie nicht an der Wand entlangläuft.

Arbeitet hier sehr sorgfältig und konzentriert. Schließlich sollt ihr euch ja in dem Raum wohlfühlen.

Bemalen der Gardinen

1:: Vorzeichnen

Wenn ihr noch passende Gardinen gestalten wollt, wählt am besten einen dünnen, durchscheinenden Stoff, damit es nicht zu dunkel in der Klasse wird.

Zunächst malt ihr die Motive auf Papier in Originalgröße. Dann legt ihr den Stoff auf das Papier. Damit der Stoff nicht verrutscht, klebt ihr ihn mit Kreppband am Tisch fest. Zeichnet nun die Motive mit Bleistift durch.

2:: Ausmalen und fixieren

Jetzt könnt ihr sie mit Stoffmalfarbe ausmalen. Die Farbe verdünnt ihr vorher gut mit Wasser, damit der Stoff weich und durchscheinend bleibt.

Wenn der Stoff trocken ist, legt ihr ihn mit der bemalten Seite auf Zeitungspapier und bügelt ihn auf der unbemalten Seite, damit die Farbe waschecht wird.

Vielleicht gibt es ja in eurer Klasse Eltern, die gut nähen können und euch einfachen, weißen Stoff umnähen. Ansonsten kauft ihr schon fertige Gardinen.

TIPPS

Als unsere Klasse fertig gestaltet war, sollte dies gebührend gefeiert werden. Außerdem konnten wir so allen Beteiligten für ihre Hilfe danken. Gemeinsam haben wir Einladungen gestaltet und die Eltern zu einem Frühstück eingeladen.

Zur Krönung haben wir noch eine rote Schleife in den Türrahmen gehängt, die die Direktorin zur Eröffnung durchschneiden musste, bevor wir alle den Raum betreten und bewundern durften.

Alter/Schwierigkeitsgrad
ab 8 Jahren/

Gruppengröße
eine Klasse, aufgeteilt in 3–4 Kleingruppen, 1 Betreuer pro Kleingruppe

Zeitrahmen
ca. 10 Doppelstunden

Materialien
:: **Bilderbücher** zur Inspiration
:: **DIN-A1-Papier** für Entwürfe
:: **Buntstifte** und **Bleistifte**
:: **Tafelkreide** zum Vorzeichnen der Motive auf die Türen und Wände
:: **Abdeckfolie** und **Kreppband** für den Boden und die Tische
:: **Schleifpapier** und **Holzklötzchen** als Schleifklötze
:: **Schwammtücher** zum Säubern der Türen nach dem Schleifen
:: **Malkittel**
:: evtl. **Latexhandschuhe**
:: leere **Eierkartons** als Farbpaletten zum Mischen der Farben
:: **Borstenpinsel** in verschiedenen Stärken zum Bemalen der Türen, Wände und Gardinen
:: **Holzgrundiermittel** (Menge abhängig von der Quadratmeterzahl, Angabe auf der Dose)
:: **Holzacryllack** für die Hintergrundfarbe der Türen (Menge abhängig von der Quadratmeterzahl, Angabe auf der Dose)
:: **Wandfarbe** zum Streichen des Klassenraumes (Menge abhängig von der Quadratmeterzahl, Angabe auf dem Eimer)
:: je eine Flasche **Acrylfarbe** (750 ml) in Gelb, Rot, Blau, Weiß und Schwarz zum Bemalen der Türen und Wände
:: **Lackrollen** und **Lackwannen** zum Grundieren, Lackieren und Versiegeln der Schranktüren
:: Eventuell **Wachsstifte** oder **Ölkreiden** zum Zeichnen in die gemalten Motive
:: **Holzklarlack** zur Versieglung der Türen
:: weißen **Stoff** oder fertige **Gardinen** für die Fenster (vorher waschen!), Stoffmalfarbe
:: **Zeitungspapier**
:: **Bügeleisen** und **Bügelbrett** zum Fixieren der Stofffarbe auf dem Stoff

Müllblumen
Kunst aus Weggeworfenem

Einleitung

Sicher habt ihr euch schon mal gefragt, was aus dem Müll eigentlich wird, der sich im Laufe der Zeit bei euch zu Hause oder auch in der Klasse so ansammelt. Und sicher habt ihr schon mal Teile im Müll entdeckt, die ihr noch gut gebrauchen konntet. So geht es manchmal auch richtigen Künstlern: Sie machen aus Abfallmaterialien Kunstwerke.

Wir haben aus Verpackungsmaterialien, wie bunten, schillernden Bonbonpapieren, Plastikverpackungen aus Obstkisten und Stoffresten und anderen Dingen Blumenskulpturen gestaltet.

So geht es – Schritt für Schritt

1:: Entwerfen einer Blüte

Um eine besonders kostbare und einzigartige Blüte entwerfen zu können, haben wir eine Fantasiereise ins Land der unglaublichen Blüten gemacht. Die Lehrerin unserer Klasse hat uns unter Begleitung von schöner Musik dorthin geführt. Zunächst haben wir uns in Gedanken in ein fliegendes Insekt verwandelt, und sind dann über die Blumenwiese in einem seltsam unbekannten Land geflogen. Von oben haben wir uns die schönste Blüte aussuchen können, haben uns auf ihr niedergelassen und sie von allen Seiten betrachtet und bestaunt.
Wir haben uns alles gut eingeprägt, sind dann zurückgeflogen, haben uns wieder zurückverwandelt und direkt angefangen, unsere Blüte auf Papier zu übertragen.

Achtet beim Entwerfen der Blüte darauf, dass ihr sie von oben betrachtet zeichnet, und sie wie ein Mandala in vielen übereinanderliegenden Blütenblattkreisen anlegt.

2:: Gestalten der Blüte

Jeder Blütenteller besteht aus einem Holzkreis. Dafür könnt ihr Restmaterialien aus einer Tischlerei oder einem Baumarkt benutzen. Das Sägen der Kreise muss allerdings ein Erwachsener übernehmen. Außerdem muss in den Rand ein Loch mit 5 mm Durchmesser gebohrt werden, in das dann später die Eisenstange gesteckt wird. Nun schleift ihr die Kanten des Kreises etwas ab, damit keine Holzsplitter mehr dranbleiben. Bemalt den Kreis von beiden Seiten und auch den Rand mit einer Farbe eurer Wahl.
Achtet darauf, dass das Holz staubfrei ist.
Wenn die Farbe trocken ist, könnt ihr mit dem Bekleben des Holzkreises von beiden Seiten beginnen. Dabei arbeitet ihr euch in Kreisen von außen nach innen, so wie auch Blütenblätter geschichtet sind. Einige Materialien, wie Kronkorken, könnt ihr direkt aufkleben.
Andere, wie Plastikflaschen, eignen sich, um Blütenblätter herauszuschneiden.
Benutzt bei den Plastikteilen unbedingt den Kraftkleber, da das Plastik in Verbindung mit Heißkleber schmelzen könnte.

3:: Bau des Sockels

Für den Sockel klebt ihr die drei Holzplatten mit Holzleim wie eine Pyramide übereinander, und fixiert sie mit einer Zwinge oder mit einem schweren Gegenstand, einem Ziegelstein zum Beispiel. Wenn das Holz fest verklebt ist, bohrt ihr mit der Hilfe eines Erwachsenen ein möglichst tiefes Loch in die Mitte der Platten. Nun bemalt ihr den Sockel noch mit weißer Farbe.

4:: Zusammenbau der Skulpturteile

Die fertigen Teile werden nun ineinandergesteckt: eine Eisenstange als Stängel in den Sockel, und das andere Ende der Stange in den Kreis. Eventuell müsst ihr sie noch mit ⚠ Heißkleber fixieren. Wer mag, kann noch Blätter aus gesammelten Materialien an die Eisenstange kleben, und fertig sind die Müllblumen.

TIPPS

Aus den Blüten kann im Schulgebäude ein temporärer Indoor-Garten entstehen. Ihr könnt auch eure Blumen in der Landschaft (einer Wiese, im Wald) aufstellen und fotografieren. Mit den Fotos könnt ihr später eine Ausstellung gestalten.

Wichtig bei dem Projekt ist es, möglichst viel Material als Abfallmaterial zu beschaffen. Fangt also schon einige Zeit vorher an, zu sammeln. So könnt ihr zum Beispiel auch Schrottplätze kennenlernen und seht, was alles so weggeworfen wird.

Alter/Schwierigkeitsgrad
ab 8 Jahren/

Gruppengröße
10 Kinder, 1 Betreuer

Zeitrahmen
ca. 4 Doppelstunden

Materialien (pro Blume)

:: **Buntstifte**
:: **Papier**
:: **Schere**
:: **Stichsäge** zum Aussägen der Kreise
:: 1 **Holzkreis**, Durchmesser ca. 25 cm, 2 cm dick, für die Blüte
:: **Schleifpapier** zum Glattschleifen der Sägekanten
:: **Pinsel**
:: verschiedene **Acrylfarben** zum Bemalen des Holzkreises und des Sockels
:: **Abfallmaterial**: z.B. Kronkorken, Plastikflaschen, Korken, Bonbonpapiere, Plastikverpackungen aus Obstkisten, Stoffreste etc. zum Bekleben der Blüte
:: **Kraftkleber**
:: **Holzleim**
:: 1 **Holzplatte** 30 x 30 cm, 2 cm dick
:: 1 **Holzplatte** 20 x 20 cm, 2 cm dick
:: 1 **Holzplatte** 10 x 10 cm, 2 cm dick
:: 1 **Eisenstange**, Durchmesser 5 mm, ca. 1 m lang, als Blumenstiel (z.B. beim Schrotthändler erhältlich)
:: **Bohrmaschine** mit einem Holzbohrer, Durchmesser 5 mm, zum Bohren eines Loches in die Holzplatten und in den Holzkreis
:: **Heißklebepistole** und **Patronen**

Aus aller Welt
Ein Multi-Kulti-Schulflur

Einleitung

Schule ist ein Ort, an dem sich jeden Tag viele verschiedene Menschen begegnen. Junge und alte, große und kleine, dicke und dünne, hell- und dunkelhäutige.

An unserer Schule lernen und leben Kinder aus vielen unterschiedlichen Herkunftsländern und Kulturen zusammen. Diese Vielfalt macht uns stolz, denn wir können uns gegenseitig bereichern und voneinander lernen. Dabei ist es aber auch notwendig, über Unterschiede und Gemeinsamkeiten zu sprechen, sich gegenseitig zu respektieren und zu verstehen. Wir haben das Thema „Aus aller Welt" zum Anlass für eine ganz besondere Gestaltung unserer Schule genommen. Auf unterschiedlich großen Platten haben wir Menschen aus verschiedenen Ländern und dazugehörige Landschaften und Tiere gestaltet, um unsere Schulflure damit zu dekorieren.

Sicher gibt es auch unter euch Kinder, die nicht aus Deutschland kommen oder deren Eltern weit weg geboren wurden. Wie leben die Menschen dort? Welche Sprache sprechen sie? Was gibt es dort zum Frühstück? Macht euch gemeinsam auf eine spannende, kulturelle und künstlerische Entdeckungsreise!

So geht es – Schritt für Schritt

1:: Bildmaterial anschauen und Entwürfe anfertigen

Zunächst beschäftigt ihr euch mit unterschiedlichen Ländern und schaut euch Bilder dazu an. Einigt euch dann auf bestimmte Länder, zu denen ihr etwas gestalten möchtet. Jeder von euch macht nun einen ersten Entwurf mit Bleistift und Buntstiften. Das können Tiere, ein Mensch in einer ganz typischen Tracht, oder auch eine typische Landschaft sein. Arbeitet von Anfang an recht großflächig. Breitet eure fertigen Entwürfe auf dem Boden aus, und betrachtet sie gemeinsam. Überlegt, welche verschiedenen Elemente

wohl besonders gut zur Geltung kommen würden. Wie groß muss das Ganze gezeichnet werden, damit es auch von Weitem gut wirkt? Überlegt euch, welche Farben besonders gut zusammenpassen, und trefft eine Farbauswahl. Wählt aus den verschiedenen Entwürfen die gelungensten Motive aus, die ihr hinterher zu einem Bild zusammenfügt.

2:: Untergrund schleifen und grundieren

Bevor ihr so richtig loslegen könnt, schleift die Fermacellplatten mit feinem Schleifpapier ab, und grundiert sie weiß mit Wandfarbe. Das kann auch schon vor Beginn des Projekts passiert sein, vielleicht mit Elternhilfe oder während einer AG.
Zur Not könnt ihr auch ohne Grundierung arbeiten. Das Schleifen und Grundieren macht jedoch die Oberfläche glatter und die Farben leuchtender.

3:: Hintergrund einfarbig gestalten

Wenn die Grundierung gut durchgetrocknet ist, gestaltet den Hintergrund einfarbig. *Wir haben uns dabei farblich an den unterschiedlichen Ländern orientiert, z.B. kühles Blau für die Antarktis, Ocker für die Wüste, Grün für Holland ...*

Ihr könnt in Kleingruppen immer mehrere Platten gleichzeitig bearbeiten. So werdet ihr schneller fertig, und alle sind beschäftigt.

4:: Schablonen schneiden und Hintergründe gestalten

Während die Farbe noch trocknet, könnt ihr auf dünnen Pappen blumenartige Motive und einfache Figuren mit Bleistift aufzeichnen und ausschneiden, zum Beispiel Vögel.
Ihr legt dann die Negativschablonen auf eure getrockneten Platten und fixiert sie an den Seiten mit Kreppband. Die Schwämme zerschneidet ihr in kleinere Stücke und tunkt sie vorsichtig in wenig (!) Acrylfarbe. Drückt nun die Pappschablone an allen vorstehenden Rändern vorsichtig auf die Platten, und tupft sie mit dem Schwamm vorsichtig aus. Ihr könnt hier zu zweit arbeiten und euch so

gegenseitig helfen. Es ist wichtig, an dieser Stelle ganz vorsichtig vorzugehen, damit die Farbe nicht unter der Pappschablone herläuft und das Motiv verwischt.

Einige Platten haben wir auch vorbereitet, indem wir Stücke aus Zeitungspapieren und Geschenkpapier ausgeschnitten haben. Zum Beispiel haben wir auf eine schwarze Platte zunächst einen Baum aus Zeitungspapier ausgeschnitten und aufgekleistert. Dabei haben wir ausschließlich Seiten mit schwarz-weißer Schrift und keine Fotos genommen. Auf diesen vorbereiteten Hintergrund haben wir später eine Afrikanerin gemalt.

5:: Motive aufzeichnen

Eure ausgewählten Entwürfe übertragt ihr nun mit Tafelkreide auf die getrockneten, farbig gestalteten Untergründe. Malt dabei ruhig über die bedruckten oder beklebten Stellen, das ist ja euer Hintergrund. Damit eure Motive von Weitem gut aussehen, müsst ihr schön großflächig malen. Falls ihr euch einmal vermalen solltet, könnt ihr die Kreide ganz leicht mit einem feuchten Schwamm wieder wegwischen.

Wir haben versucht, von allen Kindern ein Bildelement, ein Muster, oder eine andere Idee umzusetzen. Es hat nicht jedes Kind sein eigenes Bild gestaltet, sondern jedes Kind hat sich irgendwo auf den Platten bei einem der Arbeitsschritte eingebracht.
So ist am Ende ein einheitlicher Gestaltungsstil und ein wirkliches Gemeinschaftswerk entstanden.

6:: Vorgezeichnete Motive mit Acrylfarbe ausmalen

Deckt nun den Boden und die Arbeitstische mit Abdeckfolie ab, zieht Malkittel an, und legt los.
Es ist hier wichtig, gleichmäßig und ordentlich zu malen, und nicht zu viel Farbe zu benutzen. Wählt Farben, die gut miteinander harmonieren, und legt euch auf eine bestimmte Auswahl fest.

Beim Ausmalen mit Acrylfarbe haben wir uns abgewechselt. Damit es nicht zu eng wurde und überschaubar blieb, haben immer höchstens 4 Kinder gleichzeitig an einem Bild gearbeitet. Kleine Platten haben wir einzeln bemalt.

7:: Umrisse mit Ölkreide nachmalen

Als Nächstes könnt ihr die Umrisse eurer getrockneten Motive dick mit Ölkreide oder Wachsmalern nachzeichnen. Schwarz bringt die Farben dabei besonders gut zum Leuchten.

Damit die einzelnen Farbflächen nicht zu flach wirken, haben wir sie stellenweise noch betont, indem wir sie mit farbiger Ölkreide schraffiert haben. Das bringt auch die Textur des Untergrundes besonders zur Geltung.

8:: Details aus Musterpapieren und Zeitungspapieren ausschneiden und aufkleistern

Zum Schluss könnt ihr eure Figuren und die anderen Motive noch verschönern, indem ihr einzelne Bilder oder Muster aus Geschenkpapieren, Zeitungen und so weiter ausschneidet und an den entsprechenden Stellen aufkleistert. Nehmt hierbei nicht zuviel Kleister, aber auch nicht zuwenig, und streicht das Papier mit dem Finger ganz glatt.

Unsere Spanierin hat auf diese Weise einen Rockbesatz aus Tortenspitze bekommen, und wir haben aus ausgeschnittenen Blumen wunderschöne Gärten gestaltet.

9:: Schutzschicht auftragen

Wenn ihr eure Bilder fertig gestaltet habt und alles wirklich gut durchgetrocknet ist, solltet ihr sie unbedingt noch mit einem Acrylbinder und einem breiten Malerpinsel übermalen. Dadurch werden das Papier, die Farben und Kreiden auf der Oberfläche fixiert, und eure Gemälde kann man ganz vorsichtig abwaschen. Ihr könnt dazu Capaplex® oder einen transparenten Lack auf Wasserbasis benutzen.

TIPPS

Die Platten lassen sich gut mit großen Schrauben und Unterlegscheiben an den Ecken aufhängen. Dazu einfach durch die Platten bohren und mit Dübeln an der Wand befestigen. Vielleicht habt ihr ja Lust, eure neu gestaltete Schule mit einem großen Multi-Kulti-Fest, Musik und kleinen Köstlichkeiten aus aller Welt einzuweihen, und somit ein Zeichen zu setzen für ein buntes und tolerantes Zusammenleben.

Variation: Das sind wir – Schulprogramm im Treppenhaus

Einleitung

Sicher hat eure Schule auch ein Schulprofil. Das ist das Programm, das die Schule bietet, das sie einzigartig macht und mit dem sie sich von anderen Schulen unterscheidet.

Wir haben uns in einer Projektwoche mit dem beschäftigt, was unsere Schule ausmacht, was wir mögen und was nicht, was wir hier lernen, was wir in der Freizeit machen können und was unsere Schule so besonders macht. Dazu haben wir Platten gestaltet und später damit das Treppenhaus dekoriert.

Das Besondere dieses Projekts ist, dass es auch mit Schrift arbeitet. Einzelne Schlagwörter, die typisch für die Schule sind, werden ausgeschnitten und aufgekleistert. Überlegt doch selber einmal: Was macht ihr besonders gern? Was tut ihr in der Pause? Wer ist euer Lieblingslehrer?

So geht es – Schritt für Schritt

1:: Schulthemen überlegen

Überlegt euch zum Beispiel, was ihr alles an eurer Schule machen könnt. Welche AGs werden angeboten? Was sind eure liebsten Fächer? Wie heißt die Direktorin und wie der Hausmeister? Was macht man sonst noch so an eurer Schule? Zum Beispiel: Stullen essen, sich streiten und wieder vertragen. Schreibt alles auf, zu diesen Themen gestaltet ihr eure Bilder.

2:: Bildmaterial anschauen und Entwürfe anfertigen

Beschäftigt euch mit dem Malstil verschiedener Künstler. Versucht, einen ähnlichen Zeichenstil zu entwickeln, und entwerft Figuren zu euren Themen, zum Beispiel das Lehrerkollegium oder ein Kind, das Seilchen springt. Zeichnet die Figuren aus nur einer Linie, ohne den Bleistift abzusetzen, oder schließt einfach

mal beim Zeichnen die Augen. Oder ihr zeichnet statt mit der rechten mit der linken Hand.

Es geht darum, ganz vereinfachte Figuren zu zeichnen, die dürfen ruhig skurril und comicmäßig aussehen. Ihr sollt nicht die Künstler kopieren. Wählt besonders gelungene Entwürfe aus.

3:: Untergrund schleifen und grundieren

Zunächst solltet ihr die Fermacellplatten mit feinem Schleifpapier schleifen und mit Wandfarbe weiß grundieren.

4:: Hintergrund gestalten

Wenn die Grundierung gut durchgetrocknet ist, gestaltet den Hintergrund, am besten in Kleingruppen.

Wir haben uns immer 3–4 Farben, die gut zusammenpassen, ausgesucht. Dann haben wir mit einem Bleistift sich überschneidende, schwungvolle Linien auf die Platten gezeichnet. Oft haben wir Serien vorbereitet, indem wir mehrere kleine Platten nebeneinandergelegt und wie auf einem Bild gezeichnet haben. Die aus den sich überkreuzenden Linien entstandene Flächen haben wir in den vorher ausgesuchten Farben ausgemalt. Auch hier haben wir wieder mehrere Platten aneinandergelegt.
Die Platten werden hinterher teilweise wieder auseinandergenommen und einzeln aufgehängt oder aber auch ganz dicht nebeneinandergehängt, sodass sie ein Bild ergeben.

Einzelne Umrisslinien haben wir mit schwarzer Acrylfarbe noch einmal nachgezogen, um sie zu betonen und die Farben zum Leuchten zu bringen.

5:: Motive aufzeichnen und ausmalen

Eure Entwürfe übertragt ihr mit Tafelkreide auf die getrockneten Untergründe. Zeichnet dabei schön groß. Deckt Boden und Arbeitstische ab, zieht Malkittel über, und malt los. Malt gleichmäßig und ordentlich, und nehmt nicht zu viel Farbe. Wählt wenige Farben, die gut miteinander harmonieren.

Was macht ihr in der Schule?
Was macht eure Schule so besonders?

6:: Umrisse und Flächen mit Ölkreide nachmalen

Als Nächstes könnt ihr die Umrisse eurer getrockneten Motive dick mit schwarzer Ölkreide oder Wachsmalern nachzeichnen oder Farbflächen mit farbiger Ölkreide betonen.

7:: Schlagwörter aus Papier ausschneiden und aufkleistern

Alle Wörter, die ihr am Anfang gesammelt habt und die irgendwie mit eurer Schule zu tun haben, zeichnet ihr nun in einzelnen Druckbuchstaben auf Zeitungspapier und gemustertes Geschenkpapier auf und schneidet sie aus. Schneidet so, dass vom Bleistiftstrich hinterher nichts mehr zu sehen ist.
Platziert die Wörter nun auf den passenden Bildern, und kleistert sie vorsichtig auf. Streicht am besten zuerst den Untergrund mit etwas Kleister ein, legt dann die Buchstaben darauf, und kleistert noch mal vorsichtig drüber.

8:: Details aus Papier ausschneiden und Figuren damit schmücken

Eure Figuren könnt ihr noch verschönern, indem ihr einzelne Details aus Geschenkpapieren oder Zeitungen ausschneidet und aufkleistert.

9:: Kanten der Bilder schwärzen

Die fertigen Bilder könnt ihr mit einem schwarzen Rahmen versehen und die Farben so zum Leuchten bringen. Rollt dazu mit einer Lackierrolle mit schwarzer Acrylfarbe vorsichtig an den Kanten entlang.

10:: Schlussschicht auftragen

Wenn eure Bilder fertig und durchgetrocknet sind, übermalt sie mit einem Acrylbinder und einem breiten Malerpinsel.

Altersgruppe/Schwierigkeitsgrad
ab 8 Jahren/🖌

Gruppengröße
ca. 2 Betreuer pro halbe Klasse, aufgeteilt in Kleingruppen

Zeitrahmen
je nach Menge der Bilder,
gut geeignet für eine Projektwoche mit 6 Stunden pro Tag

Materialien pro Projekt
- **Bücher** und anderes **Bildmaterial** zu unterschiedlichen Ländern oder Künstlern
- **DIN-A1-Papier** für eure Entwürfe
- **Bleistifte** und **Buntstifte**
- **Fermacellplatten**, zugeschnitten auf euer gewünschtes Maß (bei uns: 1 m x 1,50 m, 50 cm x 1 m, sowie 50 cm x 50 cm)
- **feines Schleifpapier**
- **weiße Wandfarbe** zum Grundieren
- **Abdeckfolie** und **Kreppband** zum Abdecken von Boden und Arbeitstischen
- mehrere **Farbrollen** und **Abtropfgitter**
- Klassensatz **Borstenpinsel**, sortiert
- **Acrylfarben** (750-ml-Flaschen) in Rot, Gelb, Blau, Schwarz und Weiß, evtl. Sonderfarben
- **Pappteller** und verschließbare **Joghurtbecher** als Farbbehälter
- mehrere **Wasserbehälter**, z.B. kleinere **Eimer**
- nicht zu dicke **Pappe** zum Herstellen von Druckschablonen
- Klassensatz **Scheren** zum Schneiden der Schablonen
- **Schwämmchen** zum Drucken von Mustern mit Hilfe der Schablonen
- ca. 4 Pakete **Ölkreide** oder **Wachsmaler**
- **Zeitungspapier** und **schöne Papiere** mit unterschiedlichen Mustern, z.B. Geschenkpapiere
- **Kleister**
- **Acrylbinder**, z.B. Capaplex®, zum Versiegeln der Platten

Glanzlichter
Ein leuchtender Quadratmeter

Einleitung

Gemeinsam mit Dortmunder Künstlern haben wir uns an einer Advents-Kunst-Aktion der ökumenischen Gemeinde Dortmund beteiligt. Es sollte ein außergewöhnlicher Adventskalender aus 24 künstlerisch gestalteten Kisten entstehen. Wir haben gemeinsam eine Kiste davon gestaltet. Die fertiggestellten Objekte wurden in verschiedenen Schaufenstern vom 1.–24. Dezember ausgestellt, und jeden Tag wurde eine andere Adventskiste in einem feierlichen Akt enthüllt – bei Spekulatius, heißem Tee und einer Weihnachtsgeschichte.

Wir haben den Namen des Projekts „Glanzlichter" wörtlich genommen, und in unserer Kiste Momente des Glücks und glänzender Kinderaugen eingefangen.
Passend zur Vorweihnachtszeit haben wir uns gefragt, wie denn Engel eigentlich aussehen. Wisst ihr es? Gibt es eigentlich Engel mit Sommersprossen und Zahnlücken? Gibt es ganz uralte Engel mit tiefen Falten? Haben Engel immer nur goldenes Engelshaar oder gibt es auch welche mit blauem Irokesenschnitt? Können Engel nur fliegen, oder auch Skateboard fahren? Unsere ganz persönlichen Vorstellungen haben wir dann in Ton modelliert.
Dabei haben wir uns gegenseitig mit einer Digitalkamera fotografiert.

So geht es – Schritt für Schritt

1:: Die Kiste

Wir haben unsere Kiste bauen lassen. Dabei haben wir mit einem Projekt für schulmüde Jugendliche in einer Tischlerwerkstatt kooperiert. Die Zusammenarbeit war für uns wichtig, weil Netzwerke zwischen Menschen ein bedeutsamer Bestandteil unserer Arbeit sind.

Versucht also, wo es geht, außerschulische Partner für eure Projekte zu gewinnen. Vielleicht kennt ihr auch eine Institution, die man fragen könnte. Vielleicht hat auch jemand einen Handwerker in der Familie, der so nett ist, euch eine solche Kiste zu bauen. Ihr könnt aber auch mit fertig gekauften Kisten in anderen Größen oder Flohmarkt-Kisten arbeiten.

Eure Kiste müsst ihr zunächst von innen und außen mit weißer Farbe lackieren. Meistens braucht man zwei Anstriche.

2:: Töpfern der Engel

Zunächst wird ein Tonblock mit einem Draht in Scheiben geschnitten. Jeder bekommt einen Klumpen, der gut in zwei Hände passt. Den Ton knetet und klopft ihr mit euren Händen weich. Ihr dürft ihn dabei auch wie einen Hefeteig auf das Brettchen werfen.

Nun könnt ihr den Engel formen, den ihr euch vorgestellt habt. Die Figur wird stabiler, wenn ihr möglichst alles aus einem Stück formt – denn alles, was ihr dransetzt, bricht später schneller ab. Formt auch lieber alles etwas grober, und nicht zu dünn und filigran.
Die Flügel formt ihr extra. Die Stellen, an denen Flügel und Körper verbunden werden, müsst ihr mit dem Schaschlikspieß vorher gut aufrauhen, dann fest zusammendrücken und an den Zusammensetzkanten glattstreichen, eventuell mit ein bisschen Wasser. Engelshaar könnt ihr herstellen, in dem ihr Ton durch ein grobes Metallsieb drückt. Die Haarpracht befestigt ihr dann gut durch Andrücken am Kopf. Vergesst beim Töpfern nicht, euch gegenseitig

zu fotografieren, und zwar so, dass man hauptsächlich das Gesicht und die Hände sehen kann!

3:: Weiterverarbeitung der Fotos

Speichert die Fotos auf einem PC. Anschließend könnt ihr sie an einem normalen Drucker auf Folie ausdrucken. Dann schneidet ihr sie so aus, dass sie von außen auf die quadratischen Unterteilungen der Kiste passen. Sie müssen dabei etwas größer sein als das Fach, damit sie genug Klebefläche haben. Bei uns haben 16 quadratische Fotos die Vorderseite der Kiste bedeckt.

4:: Beleuchtung der Kiste

Ein Elektriker hat uns eine Beleuchtung installiert, die in verschiedenen Intervallen die Bilder von hinten beleuchtete, so dass immer wieder andere Fotos hell aufleuchteten.

Ihr könnt aber auch einfach eine Lichterkette von hinten auf die Fächer verteilen. Falls eure Kiste eine Rückwand hat, bohrt ihr Löcher hinein und steckt die Lichter hindurch.

5:: Montage der Kiste

Auf die Vorderseite der Kiste wird eine Plexiglasscheibe gelegt. Darauf kommt Transparentpapier mit dem Format 1 m x 1 m. Dies kann mit etwas Klebefilm am Rand der Scheibe fixiert werden. Dann werden die Fotos an den entsprechenden Stellen platziert. Nun wird eine zweite Scheibe Plexiglas aufgelegt. Zum Schluss wird alles am Kistenrahmen miteinander verschraubt. Wenn die Beleuchtung fertig installiert ist, wird in die Schrankrückwand ein Loch für das Kabel gebohrt. Der Stecker wird durchgezogen. Dann müsst ihr die Rückwand nur noch festschrauben.

TIPPS

Es sieht auch sehr schön aus, einzelne Fotos auf Folien zu drucken und in einzelnen Kästen zu beleuchten.
Dazu ist nicht viel technischer Aufwand nötig. Die Leuchtkästen eignen sich toll, um einen Flur außergewöhnlich zu gestalten. Wenn es an eurer Schule eine Digitalkamera gibt, ist das auch eine schöne Möglichkeit, um thematisch zu arbeiten und Fotos zu bestimmten Themen und Projekten auszustellen. Die Kiste fungiert dann wie ein Wechselrahmen, in dem immer wieder andere Fotos zu sehen sind.
Auf diese Weise könnt ihr eure ganz eigenen Glanzlichterboxen gestalten.

Alter/Schwierigkeitsgrad
ab 8 Jahren/🖌🖌🖌

Gruppengröße
ca. 10 Kinder

Zeitrahmen
ca. 6 Doppelstunden

Materialien
:: **Bildmaterial** mit Engeln
:: **Akkuschrauber**
:: **Schrauben**
:: eine 100 cm x 100 cm x 20 cm große **Holzkiste** mit 16 gleich großen eingebauten Fächern oder eine andere Kiste mit Fächern
:: **Schrankrückwand**, 1 m
:: 2 **Plexiglasscheiben**, 1 m
:: **weißes Transparentpapier**, 1 m
:: **Lichterkette**
:: **bedruckbare Folie**
:: **Alleskleber**
:: **PC**
:: **Farbdrucker**
:: **Digitalkamera**
:: **weißer Acryllack**
:: **Farbrollen** und **-wannen**
:: **Pinsel**
:: **Abdeckplane**
:: 3 Pakete **Ton** á 10 kg
:: **Brettchen**
:: **Wassertöpfchen**
:: **Metallsiebe**
:: **Schaschlikspieße**
:: **Draht** zum Schneiden des Tons
:: eventuell einen **Brennofen**

Winterlicht
Ein Kunst-Adventskalender

Einleitung

In der Adventszeit haben wir einen leuchtenden Adventskalender gebastelt, gefüllt mit Kunst von uns. Zuerst haben wir überlegt, was die Adventszeit eigentlich für uns bedeutet. Dabei sind uns allerlei Fragen gekommen:
Wieso ist der Anzug vom Weihnachtsmann rot? Wieso haben Engel Locken, und gibt es auch rot- oder schwarzhaarige? Warum schmecken Lebkuchen nur im Winter? Und wie feiern Kinder in Japan Weihnachten?

Viele Fragen blieben offen, aber wir haben festgestellt, dass Weihnachten viel mit Liebe zu tun hat und damit, wie man diese Liebe seiner Familie und seinen Freunden zeigen und weitergeben kann. Die Adventszeit hat auch viel Spannendes, weil ja Weihnachten mit großer Vorfreude erwartet wird. Lichter sind natürlich auch wichtig. Wir wollten es sehr spannend machen und haben einen geheimnisvollen Guck-Kisten-Adventskalender gebaut, der außerdem noch leuchtet.

So geht es – Schritt für Schritt

1:: Über Weihnachten philosophieren und weihnachtliche Themen überlegen

Überlegt euch ein bestimmtes Thema, zu dem ihr jeweils einen Schuhkarton gestalten möchtet, z.B. „der Weihnachtsmann macht Urlaub", „ein Engel landet bei den Marsmännchen", oder „Weihnachten in 200 Jahren". Bestimmt fallen euch ganz viele tolle Themen ein.

2:: Schuhkartons bemalen

Bemalt als Erstes 24 Schuhkartons mit Acrylfarbe. Wenn ihr mehr als 24 Kinder seid, dürft ihr teilweise zu zweit arbeiten. Wenn ihr weniger seid, dürfen einige von euch zwei Kartons gestalten. Bemalt die Kartons zuerst von innen und dann von außen. Dazu braucht ihr kein Wasser zu benutzen. Anschließend die Farbe gut trocknen lassen.

Damit die Kartons nicht mehr nach Schuhkartons aussahen, mussten wir mehrmals über die Werbung malen, damit sie wirklich überdeckt wurde.

3:: Figuren aus Pappe ausschneiden, bemalen und festkleben

Zeichnet kleine Figuren auf Pappe, die zu eurem Thema passen, malt sie mit Buntstiften aus, und schneidet sie aus. Mit dem ⚠ Cutter könnt ihr Korken vorsichtig in verschieden große Teilstücke schneiden. Am besten lasst ihr euch dabei von einem Erwachsenen helfen. Nun klebt ihr jeweils eine Figur auf ein Korkenstück. Mit den Korkenstücken könnt ihr eure Figuren nun an der Rückwand der Kartons, also eigentlich der Unterseite, festkleben. Alternativ können die Korken auch auf den Boden, also der eigentlichen Seitenwand festgeklebt werden. Dadurch erzielt ihr eine räumliche Tiefenwirkung.
Das bedeutet, dass die Dinge nicht wie bei einem Bild platt nebeneinander erscheinen, sondern wie in Wirklichkeit auch hintereinander und voreinander.
Zum Kleben benutzt ihr am besten eine ⚠ Heißklebepistole – das hält sehr gut und klebt sofort fest.
Aber Vorsicht: Nicht verbrennen!

4:: Krimskramskiste durchwühlen und Landschaft gestalten

Lasst eurer Fantasie dabei freien Lauf: Ihr könnt aus Zweigen kleine Bäume gestalten, Tiere aus Ton formen usw. Damit es richtig schön funkelt, könnt ihr einzelne Dinge am Ende noch mit Gold- und Glimmerstiften verzieren.

Wir konnten aus einer riesigen Kiste ganz viele Materialien aussuchen: Modelliermasse, getrocknete Zweige, Watte, Wolle, Korken und vieles, vieles mehr. Wir haben in den Tagen vorher zu Hause unsere Schubladen durchwühlt, und so nach und nach die Kiste befüllt.
Mit diesen Materialien haben wir dann in den Kartons Landschaften gestaltet.

5:: Fertige Kisten mit Transparentpapier zukleben und mit Zahlen von 1 bis 24 beschriften

Wenn ihr eure Kisten fertig gestaltet habt und alles getrocknet und wirklich gut festgeklebt ist, verschließt ihr sie mit farbigem Transparentpapier. Besonders schön sieht es nach-

her aus, wenn ihr unterschiedliche Farbtöne benutzt. Um genau auszumessen, wie groß der Bogen für euren Karton sein muss, legt ihr den Schuhkarton auf das Transparentpapier und schneidet etwa 3 Finger breit drumherum. Den überstehenden Rand klebt ihr dann mit einem Klebestift am Karton fest.

Auf die zugeklebten Kisten haben wir dann noch die Zahlen von 1 bis 24 geschrieben. Das ging mit einem Lackstift sehr gut.

6:: Lichterkette anbringen und die Kisten an der Wand befestigen

Damit der Kalender schön leuchtet und das Ganze noch etwas geheimnisvoller wirkt, steckt ihr von oben immer 2 bis 3 Lichter einer Lichterkette in den Karton. Dazu schneidet ihr mit einem ⚠ Cutter jeweils ein kleines Kreuz in den Karton. Da steckt ihr dann die Lämpchen hinein, sie halten dann von selbst.

Für die 24 Kartons brauchten wir eine 50er- und eine 30er-Lichterkette.

Übriggebliebene Lämpchen beleuchten den Kalender noch von außen.
Die fertig verklebten Kartons haben wir dann mit vielen extra starken Posterstrips ganz eng neben- und übereinander auf die Wand in unserem Flur geklebt.

Am besten arbeitet ihr euch von unten nach oben. Also zuerst die untere Reihe verkleben, an der Wand befestigen und Lichterkette hineinstecken. Dann die nächste Reihe darüberkleben, wieder die Lichterkette hineinstecken, und so weiter. Dazu braucht ihr viele helfende Hände.

Ihr könnt die Kartons untereinander auch mit doppelseitigem Klebeband festkleben.
Das dünne Kabel der Lichterkette verschwindet dann problemlos in den Ritzen zwischen den Kartons und auf der Rückseite.
Wenn ihr nicht direkt auf der Wand arbeiten wollt, könnt ihr auch eine dünne Sperrholzplatte benutzen, die ihr dann an der Wand befestigt.

So, jetzt nur noch die Stecker reinstecken, und schon ist das Kunstwerk fertig. Das Licht zaubert auf das Transparentpapier geheimnisvolle Schatten, und alle sind sicher sehr gespannt, was sich dahinter verbirgt. Jeden Tag könnt ihr nun ein Geheimnis lüften und eine Kiste öffnen.
Dazu schneidet ihr mit einer Schere vorsichtig das Transparentpapier ab.

Dieses Kunstwerk hat nicht nur uns sehr viel Spaß gemacht, auch die Kinder aus anderen Klassen kamen jeden Tag auf unseren Flur, um zu sehen, wie sich unser Kunstwerk verändert und weiterwächst.

TIPPS

Um Brandschutzbestimmungen in der Schule einzuhalten, solltet ihr die Kartons mit einem speziellen Brandschutzspray aus dem Fachhandel einsprühen. Aber bitte unbedingt im Freien sprühen! Die Lämpchen sind ungefährlich, sie sollten natürlich nicht zu nah an den Objekten in der Kiste sein. Also achtet darauf, dass die Objekte nicht an den oberen Rand des Kartons stoßen, weil dort ja später die Lämpchen sind. Außerdem müsst ihr natürlich bei Schulschluss die Stecker der Lichterkette rausziehen.

Alter/Schwierigkeitsgrad
ab 8 Jahren/

Gruppengröße
im Idealfall 24 Kinder

Zeitrahmen
ca. 5 Doppelstunden

Materialien
- 24 **Schuhkartons**, die können ruhig unterschiedlich groß sein
- je 1 Flasche **Acrylfarbe** (750 ml) in Gelb, Rot, Blau, Weiß und Schwarz
- evtl. **Wachsmal-** oder **Pastellkreiden**
- leere **Eierkartons** als Farbpaletten zum Mischen, immer zu zweit einen Eierkarton
- **Zeitungspapier** zum Abdecken der Tische
- Klassensatz **Borstenpinsel** in unterschiedlichen Größen
- Klassensatz **Wasserbehälter**
- Klassensatz **Wasserfarben**
- evtl. ein Paket **Ton** oder wahlweise selbsttrocknende **Modelliermasse**
- große Kiste mit allerlei **Bastelkram**: getrocknete Zweige, Watte, Korken, Wolle etc.
- nicht zu dicke, schneidbare **Pappe** (z.B. Rückseiten von Zeichenblöcken, ca. 5 Stück)
- **Buntstifte**
- Klassensatz **Scheren**
- **Cutter/Teppichmesser**
- 24 Bögen **Transparentpapier** in unterschiedlichen Farben
- evtl. **Gold**- und **Glimmerstifte**
- Klassensatz **Flüssigkleber**
- **doppelseitiges Klebeband** bzw. **Posterstrips**
- eine 30er- und eine 50er-**Lichterkette**
- **Verlängerungskabel**
- **Heißklebepistole** und **Patronen**

Wunschbaum
Wo Träume wachsen

Einleitung

In einigen Kulturen gibt es den Brauch, Wünsche auf kleinen Stofffahnen an den Zweigen eines Baumes aufzuhängen und sie so vom Wind forttragen zu lassen.
Vielleicht gibt es an eurer Schule ein Fest, zu dessen Anlass ihr einen eigenen Wunschbaum herstellen könnt, dem ihr von nun an eure geheimen Wünsche anvertrauen könnt.

So geht es – Schritt für Schritt

1:: Bau des Untergerüstes

Das Untergerüst baut ihr aus 3 Holzplatten. Zwischen die ersten beiden Platten klebt ihr mit Heißkleber oder Holzleim 5 cm hohe Holzklötzchen als Abstandshalter in alle vier Ecken. Fixiert zum Trocknen die Platten mit Schraubzwingen. In die obere der beiden Platten werden nun über die gesamte Fläche verteilt mehrere Löcher gebohrt. Sie sollten den Durchmesser der Stangen haben, die ihr als Äste für den Baum vorgesehen habt.

Nun wird über der zweiten Platte noch eine dritte Platte montiert. Dazu benutzt ihr die 10 cm hohen Holzklötzchen als Abstandhalter in den 4 Ecken. In die dritte Platte werden nun wieder gleich große Löcher gebohrt, und zwar etwas versetzt zur zweiten Platte.

Die Position der Löcher müsst ihr nicht genau abmessen. In der Natur wächst ja auch jeder Baum anders.

2:: Montieren der Stangen

Nun steckt ihr die „Äste“ von oben durch beide Platten in passende Löcher. Sie stehen hinterher schief wie bei einem Blumenstrauß. Die Stangen werden noch mit Heißkleber an der unteren Platte fixiert.

Als Nächstes sägt ihr euch weitere Rundhölzer oder richtige Äste als Querverbindungen zurecht. Diese verbindet ihr mit Paketschnur mit den schräg stehenden Stangen. Damit die Querverbindungen nicht aus den Bindungen rutschen, ist es wichtig, an den Seiten 2–3 cm überstehen zu lassen.

Wenn ihr ganz sichergehen wollt, könnt ihr die Knoten noch zusätzlich mit ⚠ Heißkleber fixieren.

3:: Fahnen

Jetzt schneidet ihr Stoffreste in etwa 20 x 20 cm große Stücke. Manche Stoffe kann man auch reißen. Auf diese Stoffstücke schreibt oder malt ihr eure Wünsche.

Anschließend näht ihr die Fahnen mit einem groben Stich mit den Ecken an den Stangen fest. Die Nähtechnik spielt dabei keine Rolle. Diese Gestaltung eignet sich sowohl für Innenräume als auch für draußen. Wenn ihr den Stoff mit Acrylfarbe bemalt, bleibt er mehrere Wochen witterungsbeständig. Es ist aber auch schön zu sehen, wie die Fahnen und die Wünsche nach und nach vom Wind weggetragen werden. Für draußen solltet ihr den Baum natürlich fest im Boden verankern, indem ihr den Fuß einbetoniert. Beachtet beim Einbetonieren die Anweisungen auf der Packung der Fertigmischung.

TIPPS

Ihr könnt die Fahnen auch mit Sicherheitsnadeln an den Stangen befestigen und bei einem Schulfest für einen guten Zweck verkaufen. Oder ihr beschriftet die Fahnen zu einem bestimmten Thema und erneuert sie von Zeit zu Zeit immer wieder. Auf diese Art kann ein lebendiger „Geschichtenbaum" oder ein „Sorgenbaum" entstehen, der dauerhaft in eurer Schule steht und den ihr immer wieder verändern könnt.

Alter/Schwierigkeitsgrad
ab 10 Jahren/

Gruppengröße
ca. 8 Kinder zum Bau des Baumes, beliebig viele zum Schmücken

Zeitrahmen
ca. 3 Doppelstunden

Materialien

- 3 **Holzplatten**, 2 cm dick, ca. 50 x 50 cm, für den Sockel des Baumes
- **Schraubzwingen** zum Fixieren der Platten beim Trocknen
- 8 **Holzklötzchen**, je 4 ca. 5 cm hoch, je 4 ca. 10 cm hoch, als Abstandhalter zwischen den Holzplatten
- ca. 15 **Rundhölzer** oder **Äste** mit einer Länge von ca. 2 m und einem Durchmesser von 1–2 cm als senkrechte Stangen
- ca. 10 **Rundhölzer** oder **Äste** mit einer Länge von 50 cm–1 m und einem Durchmesser von 5 mm–1 cm, als Querverbindung zu den schräg stehenden Stangen
- **Heißkleber** und **Patronen** oder Holzleim, zum Fixieren der Stangen in den Löchern und untereinander, und zum Verkleben der Platten
- **Paketschnur** zum Verknoten der Stangen untereinander
- **Bohrmaschine** mit Holzbohrern bis zu 2 cm Durchmesser
- **Stich**- oder **Holzsäge**, zum Kürzen der Äste und Stangen
- viele **Stoffreste**, ca. 20 x 20/30 cm
- **Scheren** zum Schneiden der Stoffe
- festes **Nähgarn** und grobe, spitze Nähnadeln zum Annähen der Fahnen an die Äste
- dicke **Filzstifte** oder **Stofffarbe** und dünne **Borstenpinsel**, zum Beschriften der Fahnen
- evtl. **Beton-Fertigmischung**

Flores tropicas
Exotische Dekoration

Einleitung

Eine schöne Möglichkeit, mehr über Flora und Fauna aus anderen Ländern und Kontinenten zu erfahren, ist es, diese selbst zu gestalten.

Wir haben uns für die Natur Brasiliens entschieden – und dabei mit großen Blüten, Schmetterlingen und anderen Tieren aus dem Dschungel Südamerikas den Lichthof des Museum am Ostwall in Dortmund dekoriert, sowie die Kunstwerkstatt des Museums zur Museumsnacht. Außerdem haben wir Führungen durch die Ausstellung geleitet und dabei Schmetterlingsflügel getragen.

Welches Land findet ihr spannend? Kann jemand aus eurer Gruppe von seinem vielleicht weit entfernten Heimatland berichten? Wie sehen Blumen dort aus? Sind sie groß oder klein? Bunt oder unauffällig? Welche wilden Tiere gibt es dort, und warum leben sie nicht bei uns? Macht gemeinsam eine Expedition ins Pflanzen- und Tierreich.

So geht es – Schritt für Schritt

Bildmaterial anschauen und Entwürfe anfertigen

Zunächst beschäftigt ihr euch mit den Tieren und Pflanzen unterschiedlicher Länder und Kontinente, indem ihr euch Bildmaterial darüber besorgt. Ihr könnt euch auch gemeinsam Filme anschauen. Einigt euch auf ein Land oder einen Kontinent.

Schmetterlinge zum Aufhängen

1:: Schmetterlinge vorzeichnen und aus Draht biegen

Zeichnet nun den Schmetterling, für den ihr euch entschieden habt, großformatig auf ein DIN-A1-Papier.
Dann formt ihr die äußeren Linien der Flügel mit dem stabilen Draht nach. Fügt mit dem Blumendraht Querverstrebungen ein, damit die Flügel stabiler sind. Befestigt sie an dem festen Draht, indem ihr die Enden des Blumendrahtes

Unsere Schmetterlingsflügel haben Jugendliche getragen, die Museumsführungen gemacht haben.

dort mehrfach in lockeren Abständen herumwickelt.

2:: Formen des Körpers

Den Schmetterlingskörper formt ihr entsprechend eurem Entwurf aus geknülltem Zeitungspapier nach und umklebt diesen mit Kreppband. So bringt ihr ihn dauerhaft in Form. Aus Draht zwirbelt ihr noch 2 Fühler und klebt sie ebenfalls mit Kreppband fest.
Nun bringt ihr zwei Schichten aus weißem, in Stücke gerissenem Papier mit Kleister auf. Dazu kleistert ihr die Papierstücke auf der Hand ein und klebt sie in mehreren Schichten übereinander.

3:: Verbinden der Flügel mit dem Körper

Wenn der Körper getrocknet ist, befestigt ihr die Flügel mit Blumendraht an dem Körper. Zusätzlich fixiert ihr die Verbindungsstellen noch mit ⚠ Heißkleber.

4:: Ummanteln des Schmetterlings mit Papier

Jetzt reißt ihr Transparentpapier in Stücke und tragt es mit Kleister in 3 Schichten von beiden Seiten sowohl auf die Flügel als auch auf den Körper auf. Achtet darauf, dass die Papierstücke groß genug sind, um Halt an den Drähten zu finden. Lasst das Papier schichtweise etwas antrocknen, sonst wird es zu schwer und fällt durch die Öffnungen. Wenn alles getrocknet ist, könnt ihr noch Glitzer auftragen. Zum Schluss wird der ganze Schmetterling noch mit Acrylbinder, zum Beispiel Capaplex®, überzogen.

5:: Schmetterlinge zum Tragen

Wenn ihr die Flügel der Schmetterlinge auf den Rücken schnallen wollt, stellt zunächst die Flügel wie beschrieben her und lasst den Körper einfach weg. Schneidet stattdessen 2 Schmetterlingskörper aus farbigem Tonkarton zu. Dann schneidet ihr zwei Gummibänder so ab, dass man sie wie Rucksackträger anziehen kann. Nun klebt ihr einen Körper auf der Rückseite der Flügel mit ⚠ Heißkleber fest.

Zwischen die Flügel und den Körper vorne klebt oder tackert ihr die Gummibänder links und rechts fest.

Blüten

1:: Blütenblätter herstellen

Zunächst spannt ihr einen alten, einfarbigen Schirm auf. Die Blütenblätter sollen am äußeren Rand des Schirmes sitzen. Ihr formt nun aus dem festeren Draht Blütenblätter, die von einer Schirmtuchstrebe zur nächsten reichen. Diese befestigt ihr mit Heißkleber an den Streben oder wickelt sie darum. Danach ummantelt ihr die Blätter mit farbigem Transparentpapier und Kleister in 3 Schichten.

2:: Dekorieren der Schirme

Nun formt ihr Halbkugeln aus Zeitungspapier und umklebt sie mit Kreppband, damit sie in Form bleiben. Diese klebt ihr mit Alleskleber als Dekoration auf den Schirm. Hier könnt ihr keinen Heißkleber nehmen, da er das Schirmtuch anschmelzen würde.

Wenn der Kleber getrocknet ist, überzieht ihr die Halbkugeln zunächst mit einer Schicht weißem Papier und danach mit farbigem Transparentpapier und Kleister. Ihr könnt euch auch andere Dekorationen ausdenken.
Zum Schluss wird der ganze Blütenschirm noch mit Acrylbinder, zum Beispiel Capaplex®, überzogen.

Fensterdekoration aus Pappe

1:: Skizzieren der Tiere und Pflanzen

Zunächst grundiert ihr Buchbinderkarton in DIN A1 mit weißer Abtönfarbe und Farbrollen. Während diese trocknet, probiert zunächst, eure ausgewählten Tiere und Pflanzen großformatig mit Bleistift auf Papier zu zeichnen. Wenn die Farbe getrocknet ist, übertragt ihr eure Skizze auf die Pappe, sodass die Fläche gut ausgefüllt ist.

2:: Bemalen der Pappen

Nun malt ihr eure Skizze mit Acrylfarben aus. Probiert dabei, durch Zumischen von weißer

und schwarzer Farbe, Licht und Schatten an den Objekten zu erzeugen. Dann sehen die Tiere und Pflanzen besonders plastisch aus, und man glaubt, ein Tiger springt einen durch das Fenster an. Den Hintergrund braucht ihr nicht zu gestalten. Wenn die Farbe getrocknet ist, schneidet ihr mit einem ⚠ Cuttermesser die Objekte aus.

3:: Aufhängen der Dekoration

Die Blüten und Schmetterlinge werden an Rundhaken aufgehängt.
Die Rundhaken müsst ihr mit Hilfe eines Erwachsenen in die Decke schrauben. Daran befestigt ihr die Schmetterlinge mit einem Nylonfaden.
Für die Blüten knotet ihr das Band an den Schirmstock, sodass der Schirm kopfüber hängt.
Bei den Schmetterlingen befestigt ihr das Band am Körper.
Probiert so lange, bis der Schmetterling so hängt, wie ihr ihn haben möchtet. Knotet dann erst das Band fest. Die Tiere und Pflanzen klebt ihr mit breiten Tesafilmstücken an die Fensterscheibe. Die bemalte Seite soll dabei nach außen zeigen.

TIPPS

Dieses Projekt eignet sich gut für eine Projektwoche. Es können 4 Gruppen an einer Gestaltung beteiligt werden und später zur Präsentation die Aula oder den Eingansbereich der Schule damit gestalten.

Außerdem könnt ihr nach Abschluss der Projektwoche in Ladenlokalen mit Schaufenstern fragen, ob ihr eure Kunstwerke für eine Zeit dort ausstellen dürft. Davon haben dann alle etwas!

Alter/Schwierigkeitsgrad

ab 10 Jahren/

Gruppengröße

ca. 4 Betreuer, eine Klasse, aufgeteilt in Kleingruppen

Zeitrahmen

pro Schmetterling ca. 6 Stunden

Materialien

:: **Bücher** und anderes Bildmaterial zur Flora und Fauna eines Landes
:: **Nylonschnur** zum Aufhängen
:: **Rundhaken** zum Befestigen der Objekte an der Decke
:: **Acrylbinder**, z.B. Capaplex®, zum Versiegeln der Objekte
:: **Pinsel** zum Auftragen
:: **Dübel**, **Bohrer**

Schmetterlinge und Flügel

:: DIN-A1-**Papier**
:: **Bleistifte**
:: biegsamer, stabiler **Draht** zum Formen der Flügel
:: **Blumendraht** für Verstrebungen
:: **Drahtzangen**
:: ca. 8 Bogen **farbiges Transparentpapier** in DIN A4 pro Schmetterling
:: fertig angerührter **Kleister** zum Auftragen des Transparentpapiers auf das Drahtgestell
:: **Zeitungspapier** zum Formen des Körpers
:: **Kreppband** zum Umkleben des Körpers
:: **Heißklebepistole** und **Patronen** zum Befestigen der Flügel an dem Körper
:: **Glitzer**
:: **Gummiband** für tragbare Schmetterlingsflügel (breites Wäschegummi)
:: evtl. **Tacker**
:: **farbiger Tonkarton** oder **Pappe** für die Körper der tragbaren Flügel

Blüten

:: pro Blüte ein alter, einfarbiger **Regenschirm**
:: **Zeitungspapier** für das Pappmaschee
:: **Kleister**
:: ca. 4 Bögen **farbiges Transparentpapier** pro Blüte
:: **Draht** zum Formen der Blütenblätter
:: **Heißklebepistole** und **Patronen** zum Befestigen der Blätter
:: **Alleskleber** zum Befestigen der Pappmascheekugeln am Schirm

Fensterdekoration

:: 1 mm starker **Buchbinderkarton**, DIN A1, pro Objekt ein Bogen
:: **Papierbögen**, DIN A1
:: weiße **Abtönfarbe**
:: **Bleistifte** zum Vorzeichnen
:: je 1 Flasche **Acrylfarbe** (750 ml) in Gelb, Rot, Blau, Weiß und Schwarz
:: Klassensatz **Borstenpinsel**
:: **Farbrollen**
:: leere **Eierkartons** als Farbpaletten zum Mischen der Farben
:: **Cutter/Teppichmesser** zum Ausschneiden der Tiere
:: breiter **Klebefilm** zum Befestigen der Tiere an der Scheibe

Monster in der Mädchenumkleide
Eine Rauminstallation

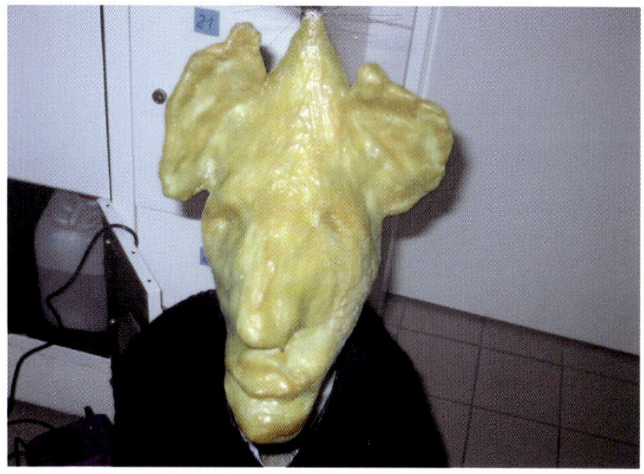

Einleitung

Wisst ihr eigentlich, was eine Rauminstallation ist? Da wird ein ganzer Raum in ein Kunstwerk verwandelt. Wir haben dazu die Mädchenumkleide der Jugendkunstschule Balou e.V. Dortmund genutzt. Das war echt monstermäßig ...

Vielleicht gibt es ja an eurer Schule auch so einen Raum, den ihr für kurze Zeit für die Kunst zweckentfremden dürft, zum Beispiel eine Abstellkammer, die Toilette oder einen Kartenraum.

So geht es – Schritt für Schritt

1:: Monsterköpfe herstellen

Als Erstes modelliert ihr aus Ton verschiedene, lebensgroße Monsterköpfe mit Hörnern, Nasen, riesigen Mäulern. Dazu braucht ihr kein spezielles Werkzeug, ihr könnt gut mit den Händen arbeiten. Nur bei Verbindungen von zwei Tonstücken, z.B. Kopf und Horn, müsst ihr beide Teile, bevor ihr sie aneinanderpresst, mit einem Schaschlikspieß grob anritzen, fest aneinanderpressen und die Verbindung glattstreichen.
Das ist wichtig, damit sich beide Teile richtig verbinden und nicht nach dem Trocknen wieder auseinanderfallen. Eure Tonköpfe dienen später als Form für die Latexmilch. Deswegen solltet ihr darauf achten, alle Auskerbungen, wie Nasen, nicht weit hervorstehen zu lassen, damit sich die Latexhaut später gut vom Ton lösen lässt. Um Ton zu sparen, solltet ihr die Köpfe mit einem Löffel aushöhlen, ihr braucht dann etwa ein halbes Paket Ton für einen Kopf. Die fertigen Köpfe braucht ihr nicht im Ofen zu brennen, lasst sie ein paar Tage an der Luft trocknen.

Als Nächstes deckt ihr die Tische gut ab und streicht die getrockneten Köpfe mit Tiefengrund an, einem Trennmittel aus dem Baumarkt. Das ist wichtig, damit sich das Latex nach dem Trocknen gut ablösen lässt. Danach könnt ihr die Köpfe vorsichtig mit der dickflüssigen Latexmilch einpinseln. Es ist sinnvoll, dabei dünne Einweghandschuhe zu tragen, um eure Haut vor dem Latex zu schützen. Die Köpfe müssen komplett und gleichmäßig mit Latex bedeckt werden. Ihr müsst hier sehr sorgfältig arbeiten und viele Schichten auftragen, damit die Latexhaut nicht zu dünn wird, weil sie dann ganz leicht reißt. Ihr braucht also etwas Zeit und Geduld. Weil die Latexmilch ziemlich eklig nach Ammoniak riecht, ist es toll, wenn ihr im Sommer draußen arbeiten könnt. Arbeitet ansonsten bei offenem Fenster. Erst wenn eine dicke Schicht entstanden ist, die einige Tage durchgetrocknet ist, könnt ihr sie vorsichtig von den Tonmodellen abziehen. Jetzt habt ihr tolle Latex-Monstermasken, die ziemlich gruselig aussehen. Stecht noch kleine Nasenlöcher von unten hinein, damit ihr darin atmen könnt. Die Tonmodelle könnt ihr natürlich auch noch ausstellen.

2:: Monsterkörper gestalten

Für die lebensgroßen Monsterfiguren braucht ihr natürlich noch die passenden Monsterkörper. Weil Latex sehr teuer ist, ist es sinnvoll, sie aus anderen Materialien herzustellen.

Wir haben hautfarbene Nylonstrümpfe mit Schaumstoff-Flocken und anderen Verpackungs- und Füllmaterialien gefüllt. Schaumstoff-Flocken bekommt man meist in Elektrogeschäften umsonst. Das war die Grundlage unserer Körper.

Wenn ihr auch Strümpfe benutzen wollt, näht ihr immer zwei gefüllte Strumpfhosen mit den Öffnungen aneinander. So entstehen Arme, Beine und der Oberkörper. Anschließend füllt ihr die Latexköpfe mit dem gleichen Material und näht sie mit stabilem Nähgarn und normaler Nähnadel an die Strumpfhosenkörper. Den fertigen Monstern könnt ihr dann noch ausrangierte Kleidungsstücke von euch anziehen, damit sie nicht mehr so nackt sind. Jetzt könnt ihr sie in eurem ausgewählten Raum aufstellen oder mit fester, durchsichtiger Nylonschnur unter die Decke hängen. Lasst euch dabei auf jeden Fall von einem Erwachsenen helfen.

3:: Gruselatmosphäre schaffen

Um die Atmosphäre noch gruseliger zu machen, könnt ihr noch eine Nebelmaschine aufstellen. Kleine Exemplare gibt es schon recht günstig zu kaufen, und wir benutzen sie häufig auch zu anderen Gelegenheiten.
Außerdem könnt ihr schaurige Melodien, Knarz-Geräusche und geisterhafte Töne aufnehmen und diese in dem Raum abspielen, sodass auch für eine richtig gruselige Geräuschkulisse gesorgt ist.

Wir haben in der Umkleide noch eine Videoinstallation aufgestellt, nach einer Idee des Filmemachers Ansgar Wojahn. Wir haben aus verschiedenen Köpfen, den Ober- und den Unterkörpern, auf drei übereinandergestellten Monitoren immer wieder neue Monster geschaffen. Dazu haben wir uns verkleidet, und die Körperteile jeweils einzeln gefilmt. Diese Filme wurden dann auf drei Fernsehern gezeigt, wobei die Bilder nach dem Zufallsprinzip wechselten.
Unsere Monster-Mädchenumkleide haben wir dann bei einem Fest für die Besucher geöffnet und unsere Latexmonster präsentiert.

Alter/Schwierigkeitsgrad
ab 10 Jahren/

Gruppengröße
eine Klasse, aufgeteilt in Kleingruppen

Zeitrahmen
ca. 8 Doppelstunden, gut geeignet ist hier eine Projektwoche

Materialien

für 3 lebensgroße Monsterfiguren

- :: 2 Pakete **weicher Ton**
- :: 1 Paket **Schaschlikspieße** aus Holz
- :: 2–3 **Esslöffel**
- :: **Abdeckfolie** oder **Plastiktischdecken** zum Abdecken der Arbeitstische
- :: 1 Liter **Tiefengrund** (aus dem Baumarkt)
- :: 2 Liter **Latexmilch** (aus dem Baumarkt)
- :: ein Paket dünne **Latexhandschuhe**
- :: alte **Joghurtbecher** oder Ähnliches als Behälter für Tiefengrund und Latexmilch
- :: mehrere **Flachpinsel** (Malerpinsel, mitteldick)
- :: 6 Paar **hautfarbene Nylonstrümpfe**
- :: **Schaumstoff-Flocken** oder Ähnliches Verpackungsmaterial zum Befüllen der Strumpfhosen und Latexmasken
- :: **Nähnadel**; **stabiles**, **helles Nähgarn**
- :: mehrere ausrangierte **Kinderkleidungsstücke** zum Ankleiden der Figuren
- :: stabile **Nylonschnur**

für die gruselige Atmosphäre

- :: **Nebelmaschine**
- :: **Kassette**/**CD** mit selbst aufgenommenen, gruseligen Geräuschen
- :: **Kassettenrekorder**/**CD-Player**

Wir machen Schule
Wappentier und Schullogo

Einleitung

In diesem Projekt geht es um Symbole und Zeichen, die uns täglich umgeben und mit denen wir mal mehr, mal weniger verbinden. Wir werden von ihnen manchmal angezogen oder abgestoßen – oft verstehen wir sie auch einfach nicht ...

Wir haben uns mit Zeichen und Logos aus der Werbung auseinandergesetzt, mit Zeichen aus dem Straßenverkehr und Wappen von Instituten. Dazu haben wir verschiedene Werbungen aus der Zeitung mitgebracht und uns Logos der unterschiedlichsten Produkte angeschaut. Wir haben uns Gedanken über die Farb- und Formwahl von Zeichen gemacht und uns überlegt, was sie bewirken sollen – und wie sie Stimmungen und Wünsche wecken. Uns kam dann die Idee, für unsere Schule ein eigenes Schullogo mit einem Wappentier zu entwerfen, das in seiner Form- und Farbwahl gut zu unserer Schule passt.
Außerdem wollten wir das Tier als Glücksbringer für die Schule in Form einer Skulptur nachbauen.

So geht es – Schritt für Schritt

1:: Erfinden des Logo-Wappen-Tieres

Nachdem ihr viele Logos und Zeichen gesehen und besprochen habt, und nun einiges über die Wirkung von Formen und Farben wisst, entwirft jeder von euch ein Wappentier mit Bleistift und Buntstiften auf Papier. Das Tier entspringt dabei ganz eurer Fantasie. Hauptsache, es vermittelt einen schönen Eindruck von der Schule. Jeder von euch sollte erklären können, warum sein Tier besonders gut zur Schule passt.

2:: Modellieren des Tieres in Ton

Nun baut ihr die Entwürfe im nächsten Schritt aus Ton nach. Dazu bekommt jeder einen Klumpen Ton, der gut zwischen beide Hände passt.
Zum Formen gut geeignet ist weicher, möglichst schamottfreier Ton, denn er muss ja nicht gebrannt werden. Als Grundform modelliert ihr ein Ei. In dieses Ei ritzt ihr dann mit einem Messer ein Kreuz, etwa fingertief. Ihr habt nun

vier Teile, aus denen ihr die Gliedmaßen formen könnt. Besonders geeignet ist diese Methode für stehende Tiere auf vier Beinen, weil diese dann nicht zu dünn werden und ihr so eine stabile Grundform bekommt, ähnlich einem Tisch. Nun rundet ihr die Kanten ab und setzt fehlende Körperteile an. Beim Ansetzen müsst ihr mit einem Schaschlikspieß sowohl das anzusetzende Teil, als auch die Ansatzstelle gut aufrauen bzw. anritzen. Anschließend streicht ihr die Kanten der zusammengesetzten Teile mit etwas Wasser schön glatt. Das ist sehr wichtig, damit die einzelnen Teile nach dem Trocknen nicht wieder auseinanderfallen.

Wir machen immer den so genannten „Fletschtest“, das heißt, wir schnipsen vorsichtig mit den Fingern vor die Ansatzstelle, um zu prüfen, ob auch alles hält. Falls sich etwas löst, haben wir nicht genug geritzt.

3:: Bemalen des Tieres

Zunächst deckt ihr die Tische mit Zeitungspapier ab. Die fertig geformten, getrockneten Tiere grundiert ihr nun mit weißer Wandfarbe, damit danach die Acrylfarben besonders leuchten. Wenn ihr die Tiere mit Acrylfarbe bemalt habt und die Farbe getrocknet ist, könnt ihr die Tiere noch mit Wollresten, Spiegelscherben und Ähnlichem verzieren. Nun gebt ihr euren Tieren einen Namen, der zum Beispiel eine Abwandlung des Schulnamens sein kann.

4:: Wahl des Schulwappentieres

Wir haben die fertigen Tiere in einer Schulvitrine ausgestellt. Da am Ende eines der Tiere in Groß als Wappentier und Schulmaskottchen nachgebaut werden sollte, hatten wir die Idee einer demokratischen Abstimmung. Alle Schüler sollten ihre Stimme abgeben, und am Ende sollte die Mehrheit entscheiden.
Also haben wir aus einem Schuhkarton einen Briefkasten für die Wahlzettel gebaut und ihn neben der Vitrine aufgestellt. Vorher hat noch jedes Tier eine eigene Nummer bekommen. Nach 2 Wochen haben wir die geheime Wahl ausgewertet.

5:: Bau des Skeletts

Wenn ihr euer Wappentier in Groß bauen möchtet, überlegt ihr euch als Erstes, wie die Grundkonstruktion, also das Skelett des Tieres, aussehen muss. Es soll möglichst stabil sein, gut stehen und der Form des Tieres gut entsprechen. Dann sägt ihr mehrere Dachlatten in Stücke und schraubt sie so zusammen, dass sie ganz grob die Form des Tieres haben. Bei einem vierfüßigen Tier könnt ihr auch einen kleineren Tisch benutzen.
Um dieses Skelett formt ihr dann den Körper mit Hasendraht. Dazu müsst ihr den Hasendraht mit einer Drahtschere in entsprechend große Stücke schneiden. Diese formt ihr um das Skelett, und verbindet sie mit Blumendraht, als würdet ihr die Teile vernähen. Dann wird der Hasendraht noch mit einem Möbeltacker am Holzgerüst fixiert.

6:: Ummantelung des Skeletts mit Pappmaschee

Als Erstes müsst ihr den Boden mit Plastikfolie abkleben. Die fertige Drahtskulptur wird daraufgestellt und nun mit Zeitungspapier und Kleister in etwa 5 Schichten umkleidet. Dazu reißt ihr die Zeitung in handtellergroße Stücke und bestreicht sie von beiden Seiten mit Kleister. Dann tragt ihr die Stücke überlappend Schicht für Schicht auf den Hasendraht auf und schmiert sie sehr glatt. Ihr könnt hier nicht mit angerührtem Pappmaschee arbeiten, da es durch die Hasendrahtlöcher laufen würde.
Eine feuerfeste Beschichtung entsteht, wenn ihr statt Pappmaschee Leinen- oder Baumwolltücher benutzt, die ihr in Gips tränkt.
Lasst das Tier etwa 3 Tage trocknen.

7:: Das Wappentier dekorieren

Das getrocknete Tier wird zunächst mit weißer Wandfarbe grundiert und nach dem Trocknen mit Acrylfarben bemalt. Danach müsst ihr es noch mit Acrylbinder klar lackieren.
Ihr könnt das Tier mit verschiedenen Materialien dekorieren. Diese klebt ihr mit ⚠ Heißkleber fest. Achtet darauf, dass ihr euch auf wenige unterschiedliche Materialien beschränkt.

Da unser Schulwappentier eine Art Zauberpferd ist, haben wir mit viel bunter Wolle eine Mähne und einen langen Schweif geknotet und geflochten.

Gemeinsam müsst ihr nun nur noch einen schönen Standort für euer Schultier finden, wo es jeder sehen kann.

8:: Aus dem Wappentier wird ein Logo

Aus eurem Wappentier entsteht ein Schullogo, wenn ihr das Tier, in ganz vereinfachter Form, zeichnet, ähnlich einer Comicfigur. Die Grundform könnt ihr später farbig gestalten. Vielleicht veranstaltet ihr einen Wettbewerb, oder ihr wählt wieder demokratisch die Zeichnung mit dem Logo aus, das euer Schullogo werden soll. Ihr könnt nun eigene Schul-T-Shirts mit dem Logo bedrucken lassen, oder ihr malt es auf eine Außenwand oder auf eine Fahne auf eurem Schulhof, sodass es schon von Weitem zu sehen ist.

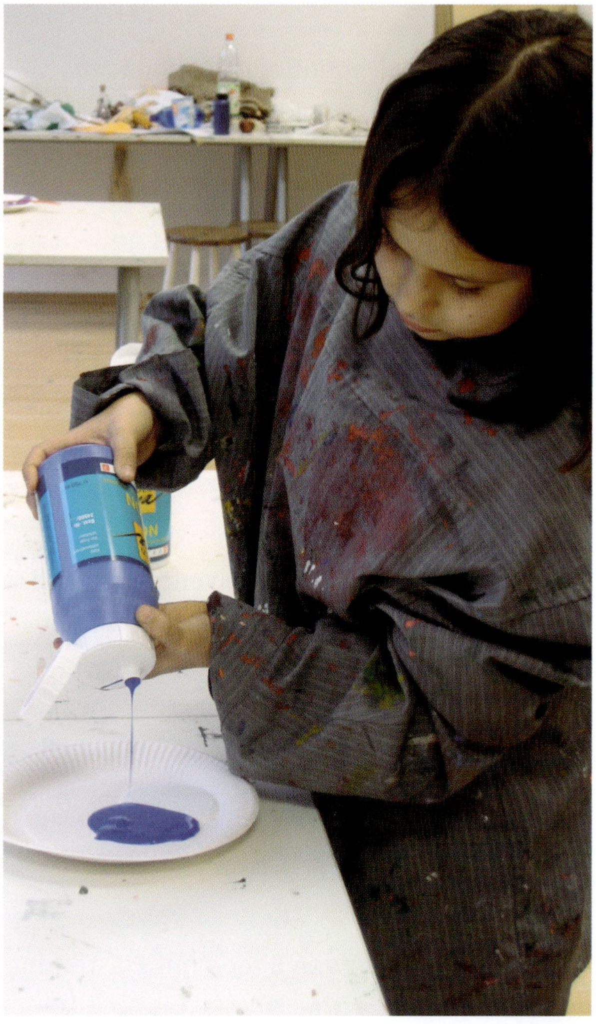

Alter/Schwierigkeitsgrad
ab 10 Jahren/🖌🖌🖌

Gruppengröße
8–10 Kinder (evtl. aus verschiedenen Klassen)

Zeitrahmen
ca. 10 Doppelstunden

Materialien
- :: **Werbematerial** und Artikel, die Logos tragen
- :: eventuell ein **Grafikbuch** mit Logos und Zeichen
- :: **Papier** zum Entwerfen eines Wappentieres
- :: **Buntstifte** und **Bleistifte**
- :: 3 Pakete **Ton** à 10 kg, zum Nachmodellieren der Tiere
- :: 5 Liter **weiße Wandfarbe** zum Grundieren der Tontiere und der Skulptur
- :: je 2 Flaschen **Acrylfarbe** (750 ml) in Gelb, Rot, Blau, Weiß und Schwarz, zum Bemalen der Tontiere und der Tierskulptur
- :: **Schuhkarton** als Wahlurne
- :: viel **Zeitungspapier** zum Abdecken der Tische
- :: **Zeitungspapier** und **Fertigkleister** für Pappmaschee, zum Modellieren der Skulptur; für eine feuerfeste Variante: **Leinen**- oder **Baumwolltücher** und angerührte **Gipsmasse**
- :: leere **Eierkartons** als Farbpaletten zum Mischen der Farben, immer zu zweit einen Karton
- :: **Borstenpinsel** in unterschiedlichen Größen, zum Grundieren und Bemalen der Tontiere und der Skulptur
- :: eine **Plastikabdeckplane** und **Kreppband**, zum Abdecken des Bodens beim Bau der Skulptur
- :: insgesamt ca. 6 m **Dachlatten** für das Skelett der Skulptur oder einen kleinen Tisch
- :: Holzsäge oder **Stichsäge** zum Schneiden der Dachlatten
- :: **Akkuschrauber**
- :: **Schrauben** zum Verbinden der Dachlatten
- :: 2 Rollen **Hasendraht** zum Modellieren der Tierform auf dem Holzskelett
- :: eventuell **Arbeitshandschuhe**, der Hasendraht verursacht leicht kleine Risswunden
- :: 3–4 Rollen **Blumendraht**, zum Verbinden der einzelnen Hasendrahtteile
- :: **Drahtschere** und **Kneifzange** zum Schneiden des Drahtes
- :: **Möbeltacker** zum Fixieren des Hasendrahtes an dem Skelett
- :: **Heißklebepistole** und -**patronen** zum Befestigen von Schmuck auf der Skulptur
- :: **Wolle**, **Stoffreste**, **Spiegelscherben** etc.
- :: 1 Liter **Acrylbinder** zur Versieglung, z.B. Capaplex®

Gefühlsnana
Pappmascheefigur mit Innenleben

Einleitung

Für unsere Klasse haben wir in einer Gemeinschaftsarbeit eine überdimensionale Pappmascheefigur mit Innenleben gestaltet: Eine „Nana" – so hat die Künstlerin Niki de Saint Phalle ihre riesigen, bunten Frauenfiguren genannt. Beim Bau der fast zwei Meter großen „Gefühlsnana" haben wir uns von der Geschichte „Der Seelenvogel" von Michael Snunit inspirieren lassen. Die Geschichte handelt von dem Seelenvogel, dem Sitz der Seele. Er wohnt in jedem Menschen und hat viele kleine Schubladen, die für ein ganz bestimmtes Gefühl stehen.
So gibt es eine Schublade für Freude, eine für Wut, eine fürs Verliebtsein, eine für Angst – je nachdem, welche Schublade der Vogel gerade öffnet, so fühlen wir uns.
Unsere „Gefühlsnana" hat auch viele Schubladen für verschiedene Gefühle. Man kann sie herausziehen und betrachten. Jede Schublade sieht anders aus – so wie sich auch jedes Gefühl anders anfühlt. Wie sieht wohl eine Glücksschublade aus? Welche Farbe hat wohl Wut?

So geht es – Schritt für Schritt

1:: Unterkonstruktion bauen

Als Erstes braucht ihr eine Unterkonstruktion, ein Lattengerüst, auf dem ihr später Hasendraht zu einem Körper formen könnt. Dazu ⚠ sägt ihr vier Dachlatten jeweils auf einen Meter und acht weitere auf jeweils 50 cm zu. Verleimt und verschraubt das Ganze zu einem offenen Quader. An diesem Quader befestigt ihr innen an 2 gegenüberliegenden Seiten je 3 Dachlatten in immer gleichem Abstand zueinander. Auf diese Querleisten befestigt ihr dann Pappen, die ihr, der späteren Körperform entsprechend, oval ausschneidet. Diese Pappen dienen später als Böden für eure Schubkästen.

2:: Sockel konstruieren

Nun baut ihr noch einen Sockel für die Figur. Sägt dazu 2 Sperrholzplatten auf das Maß 70 cm x 70 cm zu. Außerdem braucht ihr 8 Dachlatten als Längs- und Querverstrebungen. Verleimt und verschraubt diese zu einem Würfel.

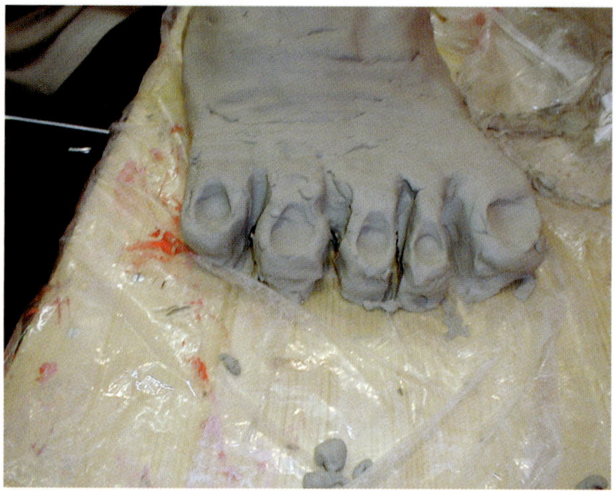

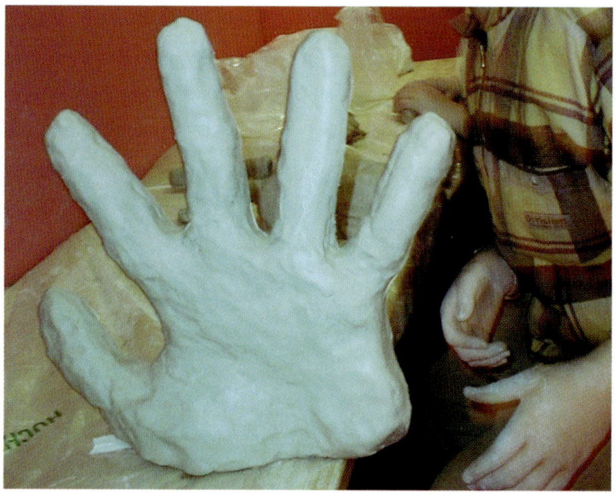

3:: Befestigen der Unterkonstruktion auf dem Sockel

Schraubt die Unterkonstruktion für das Drahtgerüst nun auf dem Sockel fest.
Später soll eure Figur wie auf einem Thron auf dem Sockel sitzen.

4:: Formen der Figur aus Hasendraht

Nun beginnt ihr, aus Hasendraht die Körperteile der Figur zu formen. Schneidet ihn mit einer Drahtschere passend zurecht.

Hasendraht lässt sich relativ einfach biegen, und so fiel es uns nicht schwer, Arme und Beine, einen dicken Po, Brüste und den Kopf zu formen.

Damit ihr euch die Hände nicht an den scharfen Drahtenden zerkratzt, ist es ist sinnvoll, die Drahtenden immer sofort umzubiegen, damit sie keine Gefahr mehr darstellen. Ihr könnt sie auch mit Kreppband umwickeln. Im Fachhandel gibt es kunststoffbezogenen Hasendraht. Der ist zwar etwas teurer, aber man verletzt sich nicht so leicht an ihm.
Befestigt nun die einzelnen Körperteile mit einem Tacker an dem Holzgerüst, und fügt sie mit Blumendraht aneinander. So entsteht aus den einzelnen Körperteilen ein ganzer Körper.

5:: Füße und Hände formen

Die feineren Körperteile, nämlich Hände, Füße und Teile des Gesichts, lassen sich gut aus Ton formen. Sie dienen als Abdruckform, die später mit Pappmaschee abgeformt wird.
Modelliert aus großen Tonklumpen riesige Hände und Füße sowie die Augen, Nase und den Mund. Die Körperteile deckt ihr dann, solange der Ton noch frisch ist, mit Klarsichtfolie ab.
Streicht dabei die Folie vorsichtig in alle Falten und Vertiefungen des Tons.
Die Klarsichtfolie dient als Trennschicht zwischen Ton und Papier und ist wichtig, damit sich die Papierform später ablösen lässt.
Außerdem bleibt der Ton so schön frisch und kann gut aus der Form gelöst werden.

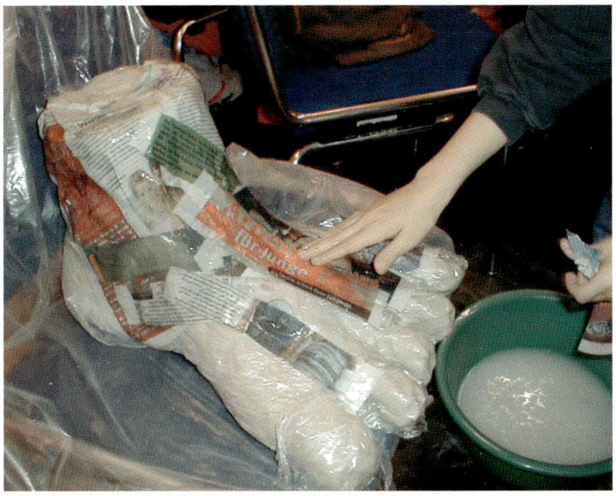

Der Ton lässt sich dann später sogar noch einmal benutzen.

6:: Arbeiten mit Pappmaschee

Nun beklebt die Drahtskulptur mit eingekleisterten Zeitungspapierstücken. Reißt das Zeitungspapier nicht zu klein. Die Stücke sollten etwa so groß sein wie eure Handfläche. Kleistert jedes Papierstück einzeln dünn ein. Klebt die Papierstücke nun so auf, dass sie sich immer überlappen. Das ist sehr wichtig, damit die Papierfläche wirklich schön dicht wird. So wird die Figur am Ende ganz stabil. Bedeckt nun Schicht für Schicht eures Drahtgerüsts. Wirklich gut haltbar wird die Figur, wenn ihr 5 bis 6 Schichten eingekleistertes Papier auftragt. Noch mehr Stabilität erreicht ihr, wenn ihr dem Kleister noch etwas Holzleim hinzufügt. Es ist ganz wichtig, jedes Stück Zeitungspapier einzukleistern. Es lohnt sich, hier ganz sorgfältig zu arbeiten. Wenn ihr, um Zeit zu sparen, mehrere Stücke auf einmal übereinander aufklebt, kann es passieren, dass die Masse zu schwer wird und am Ende alles wieder herunterrutscht. Wichtig ist auch, dass zwischen den einzelnen Schichten etwas Zeit zum Trocknen bleibt. Wenn ihr alles fertig beklebt habt, dann braucht eure Skulptur mindestens 24 Stunden zum Trocknen.
Die Trocknungszeit könnt ihr nutzen, um die noch fehlenden Körperteile von den Tonformen mit Pappmaschee abzuformen.
Nachdem die Papierkörperteile getrocknet sind, löst ihr sie ab. Nun könnt ihr sie mit ⚠ Heißkleber an die entsprechenden Körperstellen eurer Figur kleben. Die Stellen, wo die angesetzten Körperteile sich mit dem Rest verbinden, solltet ihr außerdem noch mit eingekleistertem Zeitungspapier verstecken. Später sieht dann alles aus wie aus einem Guss.

7:: Bemalen der Skulptur und des Sockels

So, nun ist eure Figur fast fertig, aber die Farbe fehlt noch. Zunächst wird alles mit weißer Wandfarbe grundiert und alles gut trocknen gelassen. Anschließend könnt ihr eure Skulptur und den Sockel mit Acrylfarben bemalen.

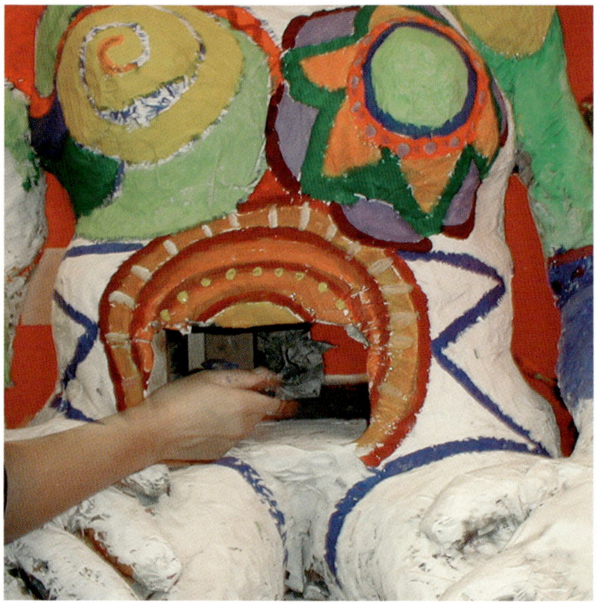

Wir haben uns dabei von Niki de Saint Phalle inspirieren lassen, und verschiedene Muster und geometrische Formen in leuchtenden Farben auf unsere Nana gemalt.

Wenn die Farbe getrocknet ist, lackiert ihr die Figur und den Sockel mit Acrylbinder (zum Beispiel Capaplex®). So wird die Farbe schmutzabweisend und etwas stoßfest.

8:: Gestalten der Gefühlskisten

Anschließend gestaltet ihr die Gefühlskisten aus Schuhkartons.

Wir haben Naturmaterialien, Muscheln und Tannenzapfen, Stoffe und Felle, aber auch ausrangiertes Spielzeug so in den Kisten arrangiert, dass es zu dem Gefühl passte, das wir darstellen wollten.

Besonderen Spaß macht es, wenn die jeweiligen Gefühle nicht verraten werden, und am Ende von den anderen erraten werden muss, welche Gefühle sich in den Kartons verbergen.

9:: Schublöcher in die Figur schneiden

Wenn alle Kartons fertig sind, kommt der schwierigste Teil: Aus den Kisten sollen Schubladen werden. Dazu müsst ihr mit der Drahtschere Rechtecke aus der fertig bemalten und getrockneten „Nana“ schneiden, die etwas größer als die Vorderseiten der Kisten sind. Ihr benötigt an dieser Stelle sicher auch die Hilfe eines geübten Erwachsenen.
Auf die Rückseiten der ausgeschnittenen Rechtecke klebt ihr nun mit ⚠ Heißkleber die Kisten. Am Ende setzt ihr alle Teile wieder zusammen, und fertig ist eure Schubladenfrau.

TIPP

Wenn die Figur brandschutzsicher werden soll, könnt ihr sie abschließend noch mit Feuerschutzspray aus dem Fachhandel versiegeln.

Alter/Schwierigkeitsgrad
ab 11 Jahren/

Gruppengröße
ca. 12 Kinder, 2 Betreuer mit handwerklichen Erfahrungen

Zeitrahmen
ca. 30 Stunden, das Projekt ist gut für Projektwochen geeignet

Materialien

- 3 dünne, großflächige **Holzbretter** oder **stabile Pappe** für die Regale
- ca. 13 **Dachlatten** (5 für Unterkonstruktion und 8 für den Sockel)
- 1 Flasche **Holzleim**, für den Bau der Unterkonstruktion, und zum Beimischen in den Kleister
- **Hammer** und **Nägel** für den Bau der Unterkonstruktion
- **Schrauben** für den Bau der Unterkonstruktion
- **Akkuschrauber**
- 2 **Sperrholzplatten**, ca. 1 m für den Sockel
- 3 Rollen **Hasendraht** (eventuell kunststoffbezogen) zum Formen der Körperteile
- 1 Rolle **Blumendraht**, zum Verbinden der Körperteile aus Hasendraht
- 3 **Seitenschneider**
- große **Drahtschere** zum Einschneiden der Schubfächeröffnungen in die fertige Skulptur
- 1 Rolle **Kreppband** zum Umwickeln der Drahtenden
- **Tacker** zum Befestigen der Drahtteile an der Unterkonstruktion
- 2 Pakete Ton (muss nicht gebrannt werden) zum Modellieren der Körperteile
- viel **Zeitungspapier**, in Stücke gerissen (handflächengroß), und Tapetenkleister für das Pappmaschee
- 1 Rolle **Klarsichtfolie** zum Umwickeln der Tonteile
- **Heißklebepistole** und **Patronen** zum Ankleben von Körperteilen an den Körper
- 5 Liter **weiße Wandfarbe** zum Grundieren der Figur
- 5 Flaschen **Acrylfarbe** zum Bemalen der Figur
- Klassensatz **Pinsel**
- **Abdeckfolie** und **Kreppband**
- 1 Liter **Acrylbinder**(z.B. Capaplex®) zum Lackieren der Figur
- ca. 15 verschieden große **Schuhkartons** als Schubladen
- Materialien zum Füllen der Schubladen, z.B. **Muscheln**, **Federn**, **Stoffe**, **Felle** ...
- evtl. **Feuerschutzspray**

Kunstprojekte in der Öffentlichkeit

Wir haben viele unserer Kunstprojekte in der Öffentlichkeit präsentiert oder Kunstwerke für den öffentlichen Raum geschaffen.
Die große Außenwirkung und die gute Resonanz unserer Kunstaktionen waren für uns immer besonders motivierend und bestärkend. Es ist ein tolles Gefühl, wenn man mit seiner Kunst nach außen tritt, wenn man das eigene Umfeld künstlerisch gestaltet, wenn man Zeichen setzt und Spuren hinterlässt. Kunst ist ja immer auch eine Sprache, und damit diese Sprache auch gehört werden kann, muss man die eigenen vier Wände, in diesem Fall also das Klassenzimmer, verlassen.

Wir können euch nur darin bestärken, es auch zu tun, denn allein die Dynamik und der künstlerische Prozess werden ungleich spannender, wenn man auf eine öffentliche Präsentation hinarbeitet oder an einem Wettbewerb teilnimmt.
Schaut also im Internet gezielt nach Ausschreibungen für künstlerische Aktionen und Projekte oder speziellen Schülerwettbewerben. Es gibt in den verschiedenen Bundesländern unterschiedliche Ausschreibungen für Kinder und Jugendliche, die in bestimmte Themen und Kunstsparten aufgeteilt sind und regelmäßig stattfinden, so z.B. der einmal jährlich stattfindende „Jugend-Kultur-Preis-NRW“.

Eine andere Möglichkeit, nach außen zu treten, stellt die Kooperation mit Stadtteil- oder Kulturbüros dar. Mit guten Ideen stößt man hier sicherlich auf offene Ohren und erfährt Unterstützung bei der Realisierung seiner Projekte. Natürlich kann man sich als Lehrer auch an örtliche Museen wenden, um über Möglichkeiten der Zusammenarbeit zu sprechen. Ebenso kann man natürlich auch an das Theater oder die Musikschule herantreten, um gemeinsam ein spartenübergreifendes Projekt durchzuführen.

Wir haben bisher nur positive Erfahrungen gemacht, und in der Regel freuen sich die Kultureinrichtungen über aktive Lehrer, die das kreative Potential ihrer Schüler nutzen möchten, um öffentlichkeitswirksame Kunst auf die Beine zu stellen.
Schließlich profitieren von einer guten Zusammenarbeit nicht nur die Schüler, sondern auch die Kooperationspartner.

Dankeschön

Wir danken allen großen und kleinen Künstlern, die an unseren Projekten mitgewirkt haben. Nur mit eurer Fantasie und eurem Engagement sind die Projekte und Ergebnisse so schön geworden, ohne euch hätten wir dieses Buch nie schreiben können.

Besonders bedanken möchten wir uns bei allen Kindern, Schulleitern, Lehrern und Betreuern folgender Schulen aus Dortmund:

- Lessing-GS
- Albrecht-Brinkmann-GS
- Kautsky-GS
- Berswordt-GS
- Buschei-GS
- Lieberfeld-GS
- Wilhelm-Rein-Schule
- Eintracht-GS

Großen Dank auch an die Institutionen aus Dortmund und Umgebung, die uns bei der Realisierung der Projekte unterstützt haben:

- Museum am Ostwall, Bereich Bildung und Kommunikation
- Jugendkunstschule balou e.V.
- AWO
- AWO Kita Dortmund-Hörde
- Dobeq
- MUS-E® NRW
- Kunstschule Menden
- LKJ

Für die gute Zusammenarbeit möchten wir auch den Künstlern und Technikern danken, die an einigen Projekten mitgewirkt haben:

- Ansgar Wojan (Monster in der Mädchenumkleide)
- Uli Wessendorf (Gefühls-Nana)
- Uwe Gorski (Glanzlichter)

Literatur- und Internettipps

Bücher, die zum Gestalten anregen

Carle, Eric: **Die kleine Raupe Nimmersatt**.
Ab 3 J. Gerstenberg Verlag, 1998.
ISBN 978-3-8369-4259-1

Couprie, Katy; Louchard, Antonin: **Die ganze Welt**.
Für alle. Gerstenberg Verlag, 2006.
ISBN 978-3-8369-4954-5

Couprie, Katy; Louchard, Antonin: **Mein Garten**.
Für alle. Gerstenberg Verlag, 2004.
ISBN 978-3-8067-5061-4

Ganz, Nicholas: **Graffiti World. Street Art aus fünf Kontinenten**.
Schwarzkopf & Schwarzkopf, 2004.
ISBN 978-3-89602-677-4

Holzwarth, Werner; Erlbruch, Wolf: **Vom kleinen Maulwurf, der wissen wollte, wer ihm auf den Kopf gemacht hat.**
Hammer Verlag, 1999. ISBN 978-3-87294-407-8

Lionni, Leo: **Swimmy**.
Ab 3 J. Beltz Verlag, 2006 . ISBN 978-3-407-76016-6

Mink, Janis: **Joan Miró**.
Taschen Verlag, 1999. ISBN 978-3-8228-6367-1

Niki de Saint Phalle. Bilder, Figuren, Phantastische Gärten. Prestel, 2008. ISBN 978-3-7913-3983-2

Sendak, Maurice: **Wo die wilden Kerle wohnen**.
Ab 3 J. Diogenes Verlag, 2007. ISBN 978-3-257-00513-4

Snunit, Michal; Golomb, Na'ama: **Der Seelenvogel**.
Carlsen Verlag, 2000. ISBN 978-3-551-55070-5

Kunst mit Kindern machen

Bischofberger, Claudia; Voss, Michael: **Zeichnen mit der Schere. Annäherungen an Henri Matisse**.
Mit Audio-CD.
6–10 J. Verlag an der Ruhr/Schulverlag blmv, 2007.
ISBN 978-3-292-00394-2

Kohl, MaryAnn F.: **Das Kunst-Ideenbuch**.
Künstlerische Techniken für Kinder.
5–16 J. Verlag an der Ruhr, 1996. ISBN 978-3-86072-264-0

Kohl, MaryAnn F.: **Die Kunst-Ideen-Kiste für Kinder**.
Kreativ experimentieren mit neuen Techniken.
5–10 J. Verlag an der Ruhr, 2005. ISBN 978-3-8346-0010-3

Vogt, Susanne: **Bildbetrachtung aktiv**. 90 Ideen für Grundschulkinder. 6–10 J. Verlag an der Ruhr, 2007.
ISBN 978-3-8346-0299-2

Internetseiten

www.boesner.com
www.kunstbedarf.com
www.besthobby.de
www.creativ-discount.de
Einige Adressen von Vertrieben, Groß- und Fachhandelshäusern für Kunstbedarf.

http://dev.museumamostwall.dortmund.de
Homepage des Museums in Dortmund, mit dem wir für einige Projekte zusammengearbeitet haben.

www.estructura.de
Die sehr künstlerisch gestaltete Homepage der Autorin Sabine Kehse. Einfach mal klicken und staunen.

www.kunstschule-koeln.de
Hier finden Sie zahlreiche Fotogalerien von Kunstprojekten.

www.old.uni-bayreuth.de/projekte/juhser
Kunstprojekte von Kindern für Kinder. Studierende der Kunstpädagogik in Bayern arbeiteten mit Grundschülern.

www.schoenspur.de
Gemeinsame Seite der Autorinnen, über die Sie auch Kontakt knüpfen können.

www.ymsd.de/mus-e.html
Die Homepage von MUS-E® auf der Seite der Yehudi Menuhin Stiftung. Wenn Sie sich dafür interessieren, MUS-E® an Ihrer Schule zu implementieren, finden Sie hier alle Informationen dazu.

Raum für Notizen

Verlag an der Ruhr

Alexanderstraße 54
45472 Mülheim an der Ruhr

Telefon 05 21 / 97 19 330
Fax 05 21 / 97 19 137

bestellung@cvk.de
www.verlagruhr.de

Es gelten die Preise auf unserer Internetseite.

■ 30 x Kunst für 45 Minuten – Klasse 1/2
Kurze Projekte für schnelle Erfolge
Birgit Brandenburg
6–8 J., 96 S., A4, Paperback, farbig
ISBN 978-3-8346-0625-9
Best.-Nr. 60625
19,80 € (D)/20,35 € (A)/34,70 CHF

■ 30 x Kunst für 45 Minuten – Klasse 3/4
Kurze Projekte für schnelle Erfolge
Gerlinde Blahak
8–10 J., 88 S., A4, Paperback, farbig
ISBN 978-3-8346-0626-6
Best.-Nr. 60626
19,80 € (D)/20,35 € (A)/34,70 CHF

MUS-E® Edition – Künstler für Kinder
■ Meine Farben tanzen!
Kinder-Kunstideen mit Bewegung
Viola Werner
6–10 J., 113 S., A4, Paperback, farbig
ISBN 978-3-8346-0555-9
Best.-Nr. 60555
21,– € (D)/21,60 € (A)/36,80 CHF

MUS-E® Edition – Künstler für Kinder
■ Schule innen schöner machen!
Kunstprojekte für Kinder
Silke Bachner, Sabine Kehse
6–12 J., 112 S., A4, Paperback, farbig
ISBN 978-3-8346-0494-1
Best.-Nr. 60494
21,– € (D)/21,60 € (A)/36,80 CHF

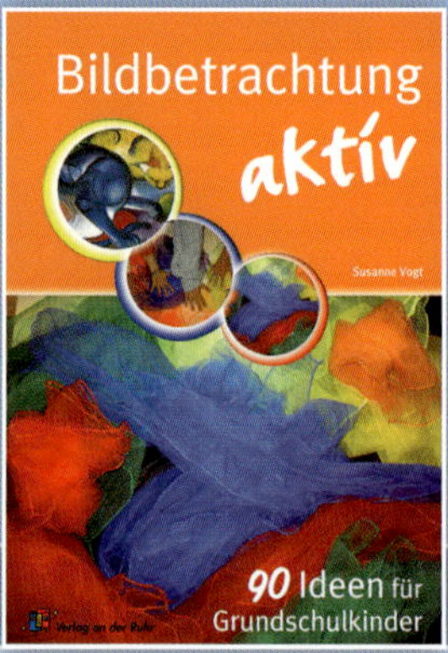

■ Bildbetrachtung – aktiv
90 Ideen für Grundschulkinder
Susanne Vogt
6–10 J., 112 S., A4, Paperback, farbig
ISBN 978-3-8346-0299-2
Best.-Nr. 60299
19,50 € (D)/20,– € (A)/34,20 CHF

■ Mit Fingern und Fäden
Einfache Textiltechniken – Schritt für Schritt
Svenja Maibaum
6–10 J., 72 S., A4, Papphefter (mit farbigen Abb.)
ISBN 978-3-8346-0375-3
Best.-Nr. 60375
19,50 € (D)/20,– € (A)/34,20 CHF

■ Mit Nadel und Garn
Einfaches Nähen und Sticken – Schritt für Schritt
Svenja Maibaum
8–12 J., 72 S., A4, Papphefter (mit farbigen Abb.)
ISBN 978-3-8346-0557-3
Best.-Nr. 60557
19,50 € (D)/20,– € (A)/34,20 CHF

■ Mit Kette und Schuss
Einfaches Weben und Knüpfen – Schritt für Schritt
Svenja Maibaum
6–10 J., 69 S., A4, Papphefter (mit farbigen Abb.)
ISBN 978-3-8346-0558-0
Best.-Nr. 60558
19,50 € (D)/20,– € (A)/34,20 CHF

Kunst erleben und entdecken